孔 庆 东 谈 读 书

读书，读刊，
读报，读信。
读天，读地，
读人，读事。
最后你就明白，
万物都可读，
无往不是书。

孔庆东谈读书

书剑八方

作者简介

孔庆东，人称『北大醉侠』，北京大学中文系教授。曾师从钱理群先生、严家炎先生，主攻现代文学。在多家电台电视台和多所大专院校设坛讲授金庸武侠小说，在央视《百家讲坛》开讲金庸和鲁迅。其著作《47 楼 207》《空山疯语》《口号万岁》《匹马西风》《笑书神侠》《千夫所指》《生活的勇气》《四十五岁风满楼》《五十五岁花满天》《金庸者谁》等一直畅销不衰。

书剑八方

孔庆东 著

孔庆东谈读书

知识产权出版社
全国百佳图书出版单位
—北京—

图书在版编目（CIP）数据

书剑八方：孔庆东谈读书 / 孔庆东著. —北京：知识产权出版社，2022.1

ISBN 978-7-5130-7660-9

Ⅰ.①书…　Ⅱ.①孔…　Ⅲ.①读书方法　Ⅳ.①G792

中国版本图书馆 CIP 数据核字（2021）第 172880 号

责任编辑：杨晓红　　**责任校对：**潘凤越

特约编辑：孙　彬　　**责任印制：**刘译文

封面设计：郭　蜩

书剑八方：孔庆东谈读书

孔庆东　著

出版发行：知识产权出版社有限责任公司　　**网　　址：**http://www.ipph.cn

社　　址：北京市海淀区气象路 50 号院　　**邮　　编：**100081

责编电话：010-82000860 转 8114　　**责编邮箱：**1152436274@qq.com

发行电话：010-82000860 转 8101/8102　　**发行传真：**010-82000893/82005070/82000270

印　　刷：三河市国英印务有限公司　　**经　　销：**各大网上书店、新华书店及相关专业书店

开　　本：880mm×1230mm　1/32　　**印　　张：**8.5

版　　次：2022 年 1 月第 1 版　　**印　　次：**2022 年 1 月第 1 次印刷

字　　数：180 千字　　**定　　价：**59.00 元

ISBN 978-7-5130-7660-9

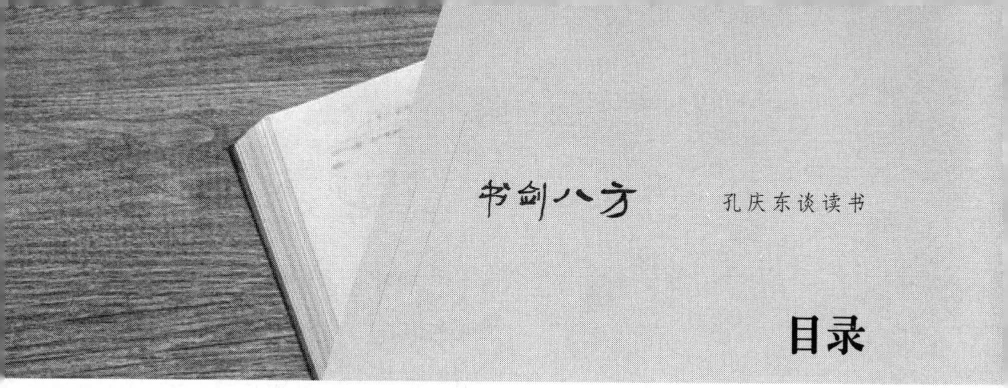

书剑八方 孔庆东谈读书

目录

胡吃海读

书者药也

书中有春

书剑八方

——孔庆东谈读书

读书大法

读书可有大法乎？

泪与墙

今天你读书了吗？

读书可有大法乎？
——在北大附中谈读书

各位同学和老师，大家好，跟大家谈谈读书的事情。

读书这件事，我很熟，在座的各位也很熟，今天我就来谈谈我们共同感兴趣的问题。**但有些问题，不谈的时候大家似乎都明白，一谈可能就都不明白了。**

日常生活中大家所掌握的各种概念，就怕较真儿，一较真儿恐怕谁都不知道是什么。比如说，这儿摆的是水，我如果问你什么是水，你就答不出来了。现在前面有一张桌子，不说的时候谁都知道这东西叫桌子，但我问你什么叫桌子，让你给下个定义，谁都答不出来。这样的问题百试不爽。你答不出来也不要自卑，北大的教授拉出一百个来，恐怕一百个都答不出来。

这不是咱们的智商问题，而是这个世界上的万事万物就怕较真儿。所以，为什么编字典那么难？编一本字典要几年、十几年，有的要编几十年。

就拿我们今天要说的读书这个问题，我说“跟大家探讨一下当代中国人怎样读书”。这样平平淡淡的一句话，如果分开探讨，我们可能就搞不清楚了，就糊涂了。比如什么叫当代？什么叫中国人？大家马上就混乱。这些我们今天不去管，今天要管的是：什么是书？

大家读书这么多年了，什么叫书呢？你只要一思考，甚至会把你原先已有的那些概念都颠覆掉，你原来认为是书的，现在看来可能不是书。

为什么世界上要有学者，要有这么一批人，不干别的，不种地不织布，专门研究这些概念呢？就因为研究概念很重要。而越抽象的概念，研究出来可能就越有价值，比如什么叫民主，什么叫自由，什么叫革命，什么叫马列主义。

所以，我们在读眼前书的时候，同学们在日常生活中求学的时候，前面要放着很远很远的目标，要知道今天的学习是为了什么。如果你觉得今天的学习就是为了考试，上初中为了考一所好高中，上高中为了考一所好大学，那你这一辈子就没什么意思。人生的目标不应该只是这个，但也不能放弃这个，就是说要做到大家会的我也会，但是我还另有所求。

回到我们说的“书”的问题上来，“书”可以从广义和狭义这样两个角度来理解。广义上就是我们大家不假思索的那种认识，一切写成文章、装订成册的都叫书，你随处都能看见这些书，我们旁边就有一个大图书馆，里面有好多书，市场上也有很多书店，而且现在不光书店卖书，超市也卖书、路边摊儿也卖书，海淀还有一个图书城，卖的这些都叫书。

正因为这些东西都叫书，所以给广大的同学、家长还有老师造成了很大的困惑。我最经常遇到的问题之一就是："孔老师，我们应该读什么书啊？告诉我们读什么书吧。"**我小的时候读什么书都行，所有的书都是好书，随便拿一本读就行。为什么现在的人眼看着那么多的书却不知道读什么老要来问呢？**

其实这说明大家心里面可能明白了一件事，知道这些玩意儿可能不是书。大家不敢确定，人家写的不是叫书吗，不是在书店卖吗，怎么就不是书呢？所以其实不用我说明白，**广大人民群众心里模模糊糊地已经感觉到，有一大堆书可能不应该读，所以得挑，但是不会挑，所以想找个明白人问问。**这样就有一个广义、狭义——宽和窄的问题。

狭义的书就不能只从外表来看了，我刚才说广义的书是写成文章白纸黑字装订成册的，这是看的外表。就跟我们看人似的，看外表都是人，为什么有时候却骂一个人说他不是人，这时候显然不是指他的外表，他跟我们一样，有脑袋有身体有四肢，但是却说他不是人别理他，这时候说的人是狭义的人，强调的是内容。

书也一样，比如一个学生给我抱来一堆书说："老师，你看我最近买了这么些书。"我说："这不是书。"当我说这不是书的时候，我是从内容的角度来讲的，各人对内容的理解不一样，要谈内容问题的话，就复杂了。

什么是书，什么不是书，每个人的理解是不一样的。大家不一样的理解可能都有道理，可能都对，因为大家的专业不同，大家的工作性质不同。

比如一本《英语速成教材》在英语老师看来是书，在我看来不是书，一本《计算机教程》在计算机老师看来是书，在英语老师看来不是书。

现在的市场上、书店里大多数号称书的东西，它不是书，甚至是垃圾！**我今天的任务就是从垃圾堆里找出真正的书来。**

这是大家身处的这个时代，和我们小的时候所处的那个时代不一样的地方。**我们小的时候基本上没有垃圾书，找到一本书，读就好了，一定是开卷有益。我们那时候恨的是找不着书，身边的书不够读，就只能想办法去借书**，听说谁家里有一本《红与黑》，谁家里有一本《三国演义》，一定是想办法跟他换，把那本书找到。所以说书有一个疏散的过程，由少到多、由精英到大众疏散的过程。

今天的书遍地都是，我不能说它是个坏事，它也有积极的一面，就是书的总量增多了，从里面能找出来的真正的好书也必然增多。

但是我们要清楚，整个图书市场是一个注水的市场，就像我们今天吃的肉比过去多了，但我们今天吃的大多数是注水的肉或者是用饲料喂出来的猪的肉。

也就是说，社会的进步有些是虚假的进步，它把我们的眼睛给蒙住了。

人类道路的进步是曲折的，不是一个时代一定比上一个时代好，有的方面可能比上一个时代好了，另外一些方面可能要付出代价，可能要倒退。

我非常同情广大的同学们每天用那么多的时间去读书，关键是孩子们读的都是不是书啊。我小时候读过高尔基的自传，高尔基做过很多工作，有一段时间他在书店里打工，他看到那些穷人很愚昧，但是他们想读书，于是用自己辛辛苦苦赚的钱来书店买《圣经》回去读，希望因此改变自己的生活。高尔基心里非常痛，他知道这些老板就是印这些没什么用的书，把穷人的辛苦钱给赚了。有时候我看到很多人傻乎乎地买这些书看，我的心情就像高尔基一样，但是我一个人的力量太小了，没有办法改变现状。

大家知道，就像我们今天吃的肉未必比过去多一样，我们的生活中所有东西都是替代品，书也一样是替代品。

比如今天你在家里看电视，电视里有节目，但电视里的这些节目都不是真正的节目，都是替代品。什么叫节目？真人演的才叫节目。你一年有几次看真人在舞台上表演？你一年看几场话剧，听几场音乐会，看几场京剧，看几场芭蕾舞？周末，你去看一场芭蕾舞了吗？没有吧。去听一场中央交响乐团现场演奏的交响乐了吗？没有吧。所以我们多数人活在一种替代性的、虚拟的生活里。

很多家长老师一定是反对同学们玩电子游戏的，但是并没把这个道理讲清楚，没说出这东西到底不好在哪儿。不要老说这东西耽误学习，如果它本身有价值，我认为耽误学习也是值得的，关键是它本身没有价值，不应该浪费时间去玩。大家常常被这个虚拟的东西给蒙蔽了，以致我们在现实生活中越来越无能。所以，要把虚拟和现实分开。

“书”在古代本来是动词，是写的意思。后来人们把这个动词集合的结晶品叫作“书”，“书”也就由动词变成了名词，但还不是我们今天说的这个装订成册的东西，而主要是指书信。高中语文课本里有一篇《与妻书》，是非常催人泪下的一篇好文章，这里的“书”即书信的意思。后来，慢慢地，书才指这种装订成册的东西。在古人看来，一些文章集合起来装订成册，那得非常非常经典，非常非常重要，是精华的作品才值得这样做。为什么呢？因为古代印刷成本很高，不是好作品，没人愿意给你卖，更没人买。所以，凡是印出来的书都是高端的文化产品。

古人用“学富五车”形容一个人特别有学问。我们现代人觉得“读五车书”很吓人，其实五车书也没多少。因为这车可能是驴车、牛车、马车，不是我们今天的大卡车。另外，古人说的书不是今天纸印的书，要是这种书装五车谁能读完啊？十个孔庆东也读不完。

古代的“书”都是写在竹简上，一卷也就几千个字，一车也就几万个字，顶多十万字，所以“学富五车”是可以做到的。一个人用上十年二十年，下点儿苦功夫，五车书就可以拿下来了。

杜甫有一句诗，“读书破万卷，下笔如有神”。“万卷”有多少书呢？其实万卷的书也不多。古人的一卷不是一本的意思，今天一本20万字左右的书放到古代，大概相当于50卷，一卷也就只有四五千字。像老子的《道德经》，约5000个字，它不是一卷，而是被分成了好几卷。也就是说，今天我们用20年的时间完全可以做到“读书破万卷”。

从数量上，古人读书不一定比我们多，那古人为什么比我们强呢？因为他们读的都是精品，都是精华。如果不是精品，很早就被淘汰掉了。所以，凡是留下来的都是好东西。

今天，我们的印刷术发达了，但是每印一批书，就有一片树林倒下，所以我们要心疼啊，如果书里印的都是垃圾，你凭什么要砍这些树啊？你不是造孽吗？所以一定是值得印成书的内容，才值得去破坏环境。只有读者读了这个书之后，产生的价值大于那些树，才算是为这个社会做贡献，不然是光损害没有回报。

真正的书，应该是那些具有独特性、原创性、思想性的文化产品。独特性，就是与众不同，别人说过的你不能再说。比如我这儿有一本书《普通高等学校军事理论教程》，如果你也想写一本军事理论教程，你必须跟它在很大程度上不一样，如果大同小异，那你这本书就没有出版的价值。而现在大家都为了占领市场，重复劳动、重复出版，这种现象极为普遍，所以图书市场是一种虚假的繁荣。比如说关于《论语》的图书有多少？数不过来。只要党中央一说要弘扬传统文化，出版社就出无数的传统文化类图书，搞得大家莫衷一是，不知道读哪个好。

原创性是比独特性要求更高的，什么是原创？你自己发明创造的叫原创，而不是模仿别人的发明创造。

思想性，是指必须加入自己个体的思考。不是说哲学家才有思想，任何一个学科、一门技术都是有思想的，一本《电工基本原理》里边也是要有思想的。

真正的书，就相当于武侠小说里面写的武功秘籍。我们看武侠小说、武侠影视剧里面，经常提到武功秘籍，无论是谁，只要能够得到武功秘籍，就能马上武功大增，为什么啊？就因为它有独特性、原创性、思想性。

我们看不论郭靖也好、令狐冲也好、杨过也好，他们读了这些东西之后是非常有用的。如果他们费了千辛万苦，在江湖上奔波拼杀那么多年，好不容易得到一本武功秘籍，却发现是垃圾，他们不气死了？

这个道理并不是我原来就懂的，**我们这代人都是胡乱地读了很多书后，在黑暗中摸索，才慢慢地发现读书是个大问题。**尽管大家都在黑暗中摸索了很长时间，不见得大家都能想通，但是有一部分人想通了。只要有一部分人明白了，问题就解决了一半。

我前面给大家分析什么是书什么不是书，是想让大家明白这个问题。下面我具体来讲，我讲多少不太重要，你们能明白问题就解决一半了。

我从两个方面来讲，一个是应该读什么书，另一个是怎么样来读书。大家可以根据自己的实际情况来进行，不一定非得按照我说的这样做。

我认为作为一个当代人要读这四种书：**经典书，专业书，时髦书，休闲书**。当然我是按这四种书的重要性排下来的，这四种书不可偏废，不能只读一种，都应该读，下面我就逐个地简单说一说。

经典书，就是各界推荐的那种中外名著，比如团中央推荐过，教育部推荐过，×× 学者推荐过，×× 媒体推荐过，等等。大家推荐的都差不多，把这些经典书集合到一块，大约有上千本吧。

我在《百家讲坛》讲《论语》的时候提到过这个话题，我说人类的经典著作大概有上千本。你自选 50 本去读，一辈子读 50 本经典著作就是一个大写的人。我在电视上讲了这么一句之后，一直到现在，差不多每个礼拜都有人给我写信问，“孔老师，你说的那 50 本书到底是哪 50 本啊？你告诉我们呗。”

这都怨我在电视上没说清楚，这 50 本书应该是因人而异的，不是说固定有那么 50 本书，而是根据你自己的情况从那一千本里自选 50 本。你怎么选也跳不出那一千本嘛，不管你将来做什么工作，即使是大科学家也要读。

50 本是个底限，你不要以为读 50 本就够了。作为与北大有关系的人，至少要读 100 本。其实当你读到 50 本著作的时候，孔老师的这些话都是废话，你都不用听了。那时候你自己就上了发条，你自己就是一个很高层次的人，就知道自己该怎么往前走了。

对于成年人，尤其是那些很忙碌的人，如各行各业的成功人士、企业家、干部，我建议他们，再忙每年也要拿下一本经典著作。

为什么说每年才拿下一本呢？因为经典著作要慢慢读。

经常有朋友问我，“孔老师，您怎么看书那么快啊？我看您一个礼拜读了那么多书，您能告诉我怎么读得那么快吗？”我说：那是因为我读经典著作读得慢，正因为有慢才有快。书和书之间也是存在亲戚关系的，经典著作是一切书的爷爷、祖宗，你先把爷爷书拿下，那孙子书你一扫就明白了。”

很多人苦于读书，读得很慢，这是因为他们没有找到源头，没把经典著作拿下来。比如我读现在刚出版的长篇小说，两小时就读一本，这是很正常的速度。如果需要我写个序或写个书评什么的，那读 4 个小时就够了。对于我来说，这并不是很快。还有比我读得更快的人，如我们系里搞当代文学的老师，一个礼拜可能要读 10 本长篇小说。

如今，我国每年出版的长篇小说数以千计。要光看数量，你会以为我们国家文化事业很繁荣，但是谁真的去读了？我在博客留了一个思考题，问这些网友一年读几本长篇小说，就没有一个回答读过一本长篇小说的。也就是说我们国家一年出版几千本长篇小说，却没有多少普通读者去读，那都谁读了呢？都被我们这些教授读了。我们读了有什么用？我们读是因为工作需要，我们要研究它，但人民群众不读。

这些经典著作，**你读 50 本也好读 10 本也好，但最好不要集中在一个领域来读。如果只是读了 10 本鲁迅、10 本老舍、10 本巴金、10 本茅盾，这个领域太集中太狭窄了，一定要从时**

代、国别、类别上把它们分散开。

比如你读了儒家的著作，如《论语》《孟子》这些，你还要适当读点儿道家的，如《老子》《庄子》。你不要光读古代的书，作为当代人，现代的书也要读，要知道我们是怎么走过来的。现代中国的两大经典，一个是鲁迅，一个是毛泽东。我认为，真正了解中国的只有他们两个人，中国人必须要熟读鲁迅和毛泽东，才能知道中国，这是我们作为当代中国人必读的。

你还不能光读中国的书，外国的书也要读。**有人说孔子不了解外国文化，胡说！他们那时候有外国吗？孔子那时候不需要学英语，那时候哪有英国啊？所以我们不能简单地用今天的标准去衡量古人。**

你们有时间要读一读《圣经》《古兰经》。我不是叫你们去信基督教、伊斯兰教，我想哪怕是要批判它，也得先了解里边大概写的是什么东西吧。世界上重要的国家，有过重要文明的国家，对人类产生过比较大影响的国家，每个国家的书你至少要读一本，才能算了解它。比如德国是一个重要国家，你怎么了解它？你以为参加一个旅游团去旅游了，你就了解了吗？不然。

甚至，如果你的心灵没有和那个客体发生撞击，没有发生融合，你等于没去过这个地方。你还不如自己在家找本材料看看，或看看电视，看看纪录片呢。电视虽然也是个替代品，但比这样的旅游强。

怎么才算了解一个国家？要读它的书。你只知道德国是伟大的，却连德国最伟大的作家都不知道，这不行啊，你至少要读一本歌德的书吧，你至少要听过贝多芬、莫扎特吧，你要了解跟这个国家文明有关的东西。

像巴尔扎克、莫泊桑、托尔斯泰这些人所写的是他们国家的精神内核，你读了他们的书之后再去旅游，你跟旅游团里其他同伴就完全不一样了，**因为你有了一双自己的眼睛。**

比如我到德国魏玛小镇，那个导游非常好，是个水平很高的人。她给我讲银杏树怎么怎么好，她讲了好长一段儿后，我说，女士，对不起，银杏原产于中国，银杏的历史是这样的……我告诉她，这银杏树原来叫公孙树，德国的银杏是 ×× 年由歌德先生从中国带来的。她当时就傻了，哦！原来是这样啊！我告诉她，我们北京大学校园里有的是银杏树，每到秋天的时候，校园里遍地是银杏叶，它们像黄金一样铺在地上，到处金灿灿的。

有了知识储备，你才不会跟着外界走。像英国、法国、德国、俄罗斯，还有我们的邻居日本、印度，不论你对这个国家的感情如何，是喜欢它还是恨它，你都应该去读它的经典著作，不然你就会被那些非常肤浅的流行文化牵着走。

比如我们现在有好些青少年“哈日”“哈韩”，我对这个持比较宽容的态度，我觉得青年人有点儿自己的喜好都是很正常的，但是能不能由这个表面的喜好进而去对人家真正的文明产生兴趣呢？你知道日本真正的好东西是什么，韩国的好东西是什么吗？

除了文学的经典，应该适当读点儿历史的经典，哲学的经典。

中国的有些著作，既是文学书也是哲学书还是历史书，我们中国的传统文化是打通现在人为划分的学科分类的，如《庄子》是什么书？它既是文学又是哲学，不必那样很死地去看待它，要学会超越各个历史阶段。而且不要光顾先秦、两汉的作品，后世的《世说新语》、唐诗宋词、四大古典名著、莎士比亚的作品、西方现代派的作品，都要博览。

我们今天生活的这个世界，有缺点也有优点。优点是信息畅通，只要你有条件去读书，虽然垃圾书很多，但总可以拨开云雾见太阳，找到好书来读。正因为好书太多，有的人就犯懒，所以我一再缩小这个书目的数量，你哪怕就读10本、读20本都可以。因为我知道就算是北京大学的同学，很多连四大名著都没读过。

我觉得作为一个中国人，应该在中学阶段把四大名著读下来，因为上了大学之后会有一些很庸俗的事把你给缠住，读书的时间越来越少。而且中学的时候读书可以打下一个非常深厚的基础。像唐诗宋词、四大古典名著这些书应该在中学解决，大学之后应该多看哲学书，如把《西方哲学史》《中国哲学史》读一遍，然后沿着这条历史的脉络，再读几本原著。

真正的读书，应该是在工作以后。实事求是地说，我们今天的教育有很大的弊端。虽然教育改革一直在进行，但不可能一下子改好，没办法，我们都在这个体制内。我们读了很多书，但都是为了考试、为了升学不得不读的，没办法，我们只能一边反抗着一边适应着。**真正的读书是在你工作之后，这个时候的读书是**

为自己而读。

孔夫子有一句话很伟大，他说“古之学者，为己；今之学者，为人。”他说过去的学者是为自己而学习，现在的学者是为了给别人看、表演，这是学习态度的本质区别。儒家主张，人活天地间关键是对自己负责，所以有一句话叫“人不为己天诛地灭”，这句话后来遭到误解，用来形容一个人自私自利。其实，“人不为己天诛地灭”的本意是说，**人活在天地间要为自己负责任，你不是活给别人看的。**今天是信息时代、媒体时代、虚拟时代，大家都很注意形象，但有太多的活动是做给别人看的，并不是为了自己真正的需求。就算学习，有些孩子也是给家长学的，给老师学的，这种现象太普遍了。

人最应该操心的是自己到底有什么学问，到底知道了哪些道理，到底活到了什么境界，这才是人生真正的内容。

像屈原在《离骚》里讲的“恐修名之不立”，**人这一辈子要追求的是实实在在的东西，你要经常在一个人的时候问自己：我现在是一个什么情况，我处在人生的什么档次上。**现在好多人没事儿老数自己家里的存款，把这个当成人生价值，“哎呀，我这个月又挣了一万块钱”——那不是价值。古来所有有钱的人，都成了粪土，帝王也不例外，只有有精神价值的人才得以永恒，这是我们古人早就发现的真理。

所以，读经典著作是最最重要的，而且不分人、不分专业、不分年龄，大家都应该这样做。

第二类书是专业书。专业书不用多讲，按照你的需求读就是，语文老师读语文书，物理老师读物理书。

现在还没有专业的中学同学，学习就是你的专业，学校的课程就是你的专业，教科书就是你的专业书，把这个专业教科书学好，目前就是搞好你的专业。

专业跟经典是有关系的，专业书学得好不好读得好不好，跟经典书读得透不透有关系。就像刚刚我说的读书的快与慢的辩证法一样，用慢功夫把经典著作拿下来后，别的书看起来就容易得多。

所以家长问我孩子要不要读课外书的时候，我都是说孩子一定要读课外书，不读课外书的孩子没有出息。

我注意到北京大学一大批科学家，特别是物理学家、数学家，他们小时候都读了大量的闲书、课外书，特别重要的一点是我很高兴地发现这些大科学家小时候全都读过武侠小说。

但是大家都读了这些书，为什么有的人能成才，有的人不能成才？关键在于你有没有把它跟你的专业建立联系。**如果你读了好多书，但课堂学习成绩却一塌糊涂，说明你没找到它们之间的联系。**

我在北京二中、首师大附中当过语文老师，对中学教育比较有发言权。我刚到首师大附中教学的时候就遇到过这样的问题：学生看武侠小说，老师就没收，办公室里老堆着武侠小说。

我去了之后，学校的书记知道我对武侠小说有研究，找到我说："孔老师呀，你可来了，你给我们做一场报告吧，给同学们讲讲道理，让他们不要再读这些东西，好不好？”我说：“蔡书记，我愿意做这个报告，但是我这报告的思想跟你的完全不一样，我是想告诉他们怎么样读武侠小说，我要号召他们读武侠小说。”他说：“那不影响他们学习吗？”我说：“你放心，绝对不影响他们学习。”

于是，我就在学校做了一场报告，讲怎么读武侠小说，我说：“你们是不是都认为武侠小说是好东西？你们肯定是先判断这是好东西还是坏东西，如果是坏东西就不应该读。”同学们说是好东西。我说：“好！既然是好东西，为什么要偷偷摸摸读？我允许你们光明正大地读，但读完之后要全校开展讨论，全校开展武侠知识竞赛，然后每人写一段2000字的短篇武侠片段，**要求是：要打出性格、打出人性、打出思想**，咱们看谁写得好。”

你猜怎么样？大家开始堂堂正正地读武侠小说，整个学校的作文水平都提上来了，而且同学们都热爱语文啦。

很巧，我刚刚跟我教过的一拨儿学生聚会，他们现在都是30多岁的人了，都事业有成，他们没有从事语文工作、从事教育工作，或者说没有从事文科专业的，他们很多都是搞金融的、搞计算机的，但是他们的人生境界、对艺术的见解非常高深，表达能力非常强。这个班的同学说话都非常智慧幽默，这是因为他们把课外的书和课内的书建立了一个非常恰当的联系。

大家可能注意到了，我所说的这些经典著作，多数都是文史哲类的。为什么文史哲类的书容易成为经典著作？因为文史哲的书是上流的书，它的思想可以辐射到其他专业。今天的学科已经发展到了几百个专业，但这些专业是有关系的，并不是在一个平面上展开的。

我经常很武断地跟学生说，“某某专业就不是专业”，或者说“不是学问”，我说世界上只有“文史哲数理化”是学问，别的都不是学问，都是技能。“文史哲数理化”学好了，学什么都是摧枯拉朽，都是小菜一碟，因为它们都是从这里边分化出去的，甚至连“文史哲”都不应该分。

我们今天说孔子是这个家那个家，加了一大堆的帽子，这都不对。说苏东坡是什么家，也加了一大堆帽子。他们是不能用这些定义的，他们都是大写的“人”。

怎么概括孔子最准确？就是圣人，但是今天没有圣人这一行，所以我们说孔子是中国古代伟大的教育家、思想家、文学家……古人没有这种分法。

中国历史上有个人叫张衡，大家说张衡是中国古代伟大的科学家、文学家、政治家……，但张衡根本不是这样的，这是我们今人给他的分类。张衡哪儿是科学家？他根本就没有这样的想法，人家就是从小好好学习，读圣贤书，把天下的道理都知道了之后去考试，考得挺好然后当官，官越当越大，然后治理天下，于是我们把人家叫政治家。什么叫政治家？作为一个生活在天地之间的人，本事大的人就要照顾老百姓，这是他的本分。当政治家精力有余，下了班没事干，他就写文章玩儿，《二京赋》啊什么的就是他写着玩儿的，不是为了赚稿费，不是为了给出版社出版。

作品得到认可后，慢慢留传下来——于是我们把他叫作文学家。文章写完之后，精力还是多余，还愁没处发泄，那怎么办？他就摆弄东西玩儿，弄一大圆球，说是弄八条龙，嘴里边含一球，哪边儿一地震，那个龙一张嘴球掉下来了，然后我们就说他是古代伟大的科学家。他是科学家吗？他如果是科学家的话，应该成批地生产这东西，然后每县发一个。而他就是玩儿，为了展现他的智慧。下班之后把朋友叫家里来看看他的本事，说“你看看我多有本事啊”。所以，这不是我们今天这个意义上的这个家那个家，古人是打通的。

我们今天为了把人变成工具，让人干活儿，把人分成一个一个小格子，你就管修灯泡，你就管下水道。但是作为一个人，咱们要自个儿来战胜这个制度。要自个儿来战胜这个现代体制，既要有技能，同时还要是一个大写的“人”——我的工作是修灯泡，我靠这吃饭，但是同时我很会欣赏交响乐，我懂收藏，我是集邮大师。这样的人才活得有意思。

所以，越是有专业的人，越要注重经典，而每个专业里边也有它各自的经典。虽然我说读经典书很重要，其实人这一生，大半的时间都在读专业书，比如我读的书什么都有，但是我多数时间要读文学研究著作。文学作品我在中学和大学的时候读过了，那我现在读什么？我要读其他学者不断地写出来的研究著作，比如我研究鲁迅，我不是每天看鲁迅的作品，我还得看这个世界上整天研究鲁迅的学者们写了什么新东西，每有一种新观点我都得及时掌握，所以我讲的很多东西不是我在家里边自个儿想出来的，很多时候都是拿别人的东西来讲。

第三类书是时髦书。家长和老师们可能最反对学生读时髦书，这个态度是正确的，但我认为孩子们要少读时髦书，但是不能一点儿不读。为什么说不能一点儿不读呢？**所有的经典书都是由时髦书变成的，我们必须认识到这一点。一本书刚出来的时候往往是时髦的，很少有刚出来就是经典的情况。**

怎么叫经典？得经过时间检验啊！多少年过去了，大家仍然在读，而且都说它好，并坚持50年不动摇，这样的作品才是经典。

1958年《射雕英雄传》刚出版的时候，谁敢说这是经典啊？尽管那么多人都在读，香港万人空巷，家家都在聊黄蓉、郭靖，但也只能预料此书可能成为经典，不能说已经就是经典了。

半个多世纪过去了，今天不但香港人知道郭靖和黄蓉，全中国人都知道，这才叫经典。经典书有一个时髦的过程，但不是所有时髦书都能成为经典，很多时髦书最后被淘汰了。

所以，**人和人的眼光是有差别的，高人是什么呢？就是早早能够看出谁是经典的人。**1958年就能看出《射雕英雄传》永垂不朽的这个人叫倪匡。不知道大家读没读过他的书，他也是香港著名的作家，写“卫斯理系列”的，他也写武侠、写科幻。倪匡是很著名的人，金庸去欧洲旅行的两个月时间，天天在报纸上连载的《天龙八部》是倪匡代他写的。金庸回来的时候，倪匡说，“哦，你回来了，对不起啊，我把那个阿紫的眼睛给搞瞎了。”《天龙八部》正式出版时，金庸把倪匡代写的部分又重新自己写过，但保留了倪匡创作的一个情节，就是阿紫的眼睛瞎了。

对倪匡来说，这是让他很幸福的一件事。他家屋里贴着一副对联，上联写的是他曾经帮一个人做编剧，下联写的是“曾代金庸写小说”，这是一辈子的荣耀。他就是高人，在那个时候就能看出《射雕英雄传》是不朽的。**人要是有这种本事，那就是“于百万军中取上将首级”**。

所以，**我们要读一点儿时髦书，不要细读，不要花很多时间，要了解当下时髦的是什么书。**

这一点我要特别提醒老师，要留心学生中流行什么书。我们当老师的有一个问题，就是根本不知道学生们在读什么书，就很粗暴地阻止他们“这书不能读，这书是坏书”，那学生就问“你读过吗？”一下就把你问住了。所以，哪怕你不同意学生读武侠小说，你也要读过才能跟学生平等地对话，你才能够批评学生，才能反驳他。

但是，读一点时髦书可以，一定不要沉溺进去。什么时候可以沉溺？就是你有把握这书能成为经典的时候，这个时候你就比别人占了先机。比如说你现在是初二，你估计一本书能成为经典，你就开始读了，四年以后，这本书里面的一个片段，被当成高考语文题的一道题，那你就占便宜了，但这个事情发生的概率是很小的。还有一个标准就是这本书获了大奖，比如说获了“茅盾文学奖”，当然获“茅盾文学奖”的书也不见得都能成为经典，但是这个概率是比较高的。

第四类书是休闲一类的书，也可以简单地称之为“闲书”。闲书是我们修身养性、养生用的。历代都有各种闲书，对于什么是闲书，每个人的看法可能不同。比如文学书对很多人来说是闲书，但对于我来说就是专业书。对于普通人来说，大量的艺术类、散文类、健康类的书是闲书。

现在的中国人身上多少都有病，所以健康类的书卖得特别火。我有一个朋友写了一本书，叫《把吃出来的病吃回去》，据说已经发行了100多万册。我对本书的作者表示祝贺，但同时我说，全国人民疯狂地买健康类书，说明这个国家的病人很多。如果大家身体都好的话，健康类图书不会卖得这么火。

上面讲的这几种书，是可以互通的，比如茅盾的《子夜》。《子夜》刚问世的时候就是时髦书。当年，文学爱好者、爱读书的人几乎人手一本《子夜》，所以那一年在出版史上、文学史上叫“《子夜》年”。当时很了不起的理论家就能够看出《子夜》很伟大，是中国20世纪30年代的里程碑，最深刻地表现了中国社会的性质。所以，就有人预料《子夜》会成为经典，《子夜》也果然成为经典。

20世纪80年代时，有人看不起《子夜》了，说《子夜》里讲的思想很陈旧，写的都是帝国主义侵略、无产阶级革命，说《子夜》的价值没有那么大了。但在那个时候，我坚挺《子夜》，我说《子夜》永远是不朽的著作。

我们今天每年生产一千本长篇小说有什么用？里边连半本《子夜》都没有。什么叫经典？它说的不仅是它那个时代的事，还能穿越时空，一直管到现在。

即使你不是研究这个专业的，你不关心社会也不关心文学，甚至就是造矿泉水的，那你读《子夜》也有好处。《子夜》的文学性很好，你完全可以把它当成一个故事来读。它的语言也非常好，能提高你的表达能力，当成休闲书来读也是可以的。对于我这样的人来说，《子夜》就是专业书，而且是必读的专业书。鲁迅的书更不用说了，是经典书，也是当时的时髦书，也可以当成休闲书来读。所以，一本书可以同时是几类书，不要那么僵化地看待一个具体的文学作品。

以上是我的观点。作为一个中国人，到底应该读哪些书，大家要灵活地去理解。

下面我来谈一谈，应该怎样读书。因为我遇到的问题，除了问读什么书之外，还有问怎样读书的问题，可能怎样读书更是一个问题。同样，我小的时候这也不是一个问题。你拿到的每一本书都是好书，不管你是如饥似渴地读，还是慢慢吞吞地读，都是开卷有益，读书就有出息。今天，需要把读书当作一门学问来琢磨。我觉得读书应该有这么几个态度。

第一个态度是手不释卷。手不释卷就是天天读书的意思，用最通俗的话讲就是天天要读书，读书不能停。不能把读书当成一个活儿，当成一个重要工作，读书应该是一个非常非常随便的事情，就像我们天天吃饭睡觉一样。我们每天有几件事是一定要干的，天天要睡觉，天天要吃饭，天天要说点儿话，天天要活动活动。那么有一件事容易被忽略——天天一定要读书。

你今天如果没读书这一天就算没过，不能睡觉。就好像你今天如果没吃饭，你睡觉的时候肚子饿，后半夜饿醒了那是最难受的。我们能不能做到这一点，后半夜忽然醒了说今天没读书根本睡不着啊，难受啊。要培养出这种习惯来，一定要有精神的饥饿感。古人说“一日不读书，心源如废井”，今天没读书心里就跟干了的废井似的。所以，一定要每天读书，滋润你的心灵。

读书不是立竿见影的事情，不是说你读了书马上就能改变生活，它是一个慢功夫。表面上看，你一天两天不读书好像没什么，其实你已经落后了。如果你坚持读书，当你水平提高了之后，是不容易掉下去的。

当年毛主席用了很大的精力号召全党、全国人民读书，毛主席有很多话都是号召人们读书的，他还把刘少奇树立成榜样。刘少奇是党内的高人，理论家，很会读书。毛主席号召大家要向刘少奇学习，天天读书——“三天不学习，赶不上刘少奇”。

后来有一个学习毛泽东思想的英雄，是一个解放军的干部，叫门合，当时门合有一句话叫**“一天不学问题多，两天不学走下坡，三天不学没法活”**。当然他说的是读毛主席的著作，我们不要理解得这么狭窄，不是说非要读毛主席的著作，而是说天天都要读一点书，读书要成为生活有机的、必需的组成部分。

比如说同学们天天在长身体，你身体中的骨骼、肉是哪儿来的呢？你的肉是猪肉、狗肉变的吗？你要承认这一点，我们身上的肉是猪肉、狗肉变的，我们吃的猪肉、狗肉变成我们的肉，所以有人说，“孔老师你怎么那么爱吃呀，看你这博客里三天两头写自己吃什么，吃个馒头大饼也往文章里写，吃个大葱大蒜也写。”

我说，“是啊，因为我热爱这些食品，我吃了它，它就成了我，我能吃它，是我活在宇宙间高贵的一个证明。凭什么是我吃它，它不能吃我啊？那大葱怎么不能吃我呢？我吃了它，证明我是高贵生命，人类是万物之灵长、宇宙之精华啊。”所以，我吃了别的东西，别的东西变成了我，这就是宇宙交换规律。书也是一样，大家光注意自己身体的成长了，知道自己的精神是怎么成长的吗？

大多数的高中生比初中生高一大块，但是要说高中生的精神境界一定比初中生高，这可不一定，特别是语文这一学科，有好多初中生的作文已经写得比高中生好，而且高中生可能永远超不过他。我去给“中国青少年风采大赛征文比赛”做评委，总结的时候我说，“这次比赛，写得最好的是初中生，一部分初二、初三同学写的作文拿到高考考场上已经是一等文了。”一般来说，初三学生的数学不可能超过高三学生，但语文就可能。我国古代的科举考试中，有的人 18 岁就中了举人，有的人 80 岁都考不上。

所以说，**要天天学习，天天增加自己的精神营养，一日不可废，这叫手不释卷。**

有一个人跟我提问说，“孔老师，我看你天天特别忙，这儿开会，那儿讲座，你还要上课，用什么时间读书呢？”是，这是我的一个问题，我现在整块儿的时间越来越少，但是只要有空，我必定在读文字，必定在读书。而且我从小就养成了这样一个习惯：走进任何一个空间，凡是我能看到的字全都看一遍，读一下，而且我还琢磨。这已经是我的一个职业病，是本能。我走到任何一个空间，首先看这里面字有没有写错，有没有病句，标点对吗……几秒钟之内，就把这个事解决了，不耽误任何时间。

这就是说，要养成一个随时随地阅读的习惯，不把它当作是一个沉重的负担，而是把它当成生活中一个自然的内容。所以手不释卷是非常重要的，要练成这种功夫。

当然，现在阅读的方式多了，比如上网也是一种读书（当然读什么书需要鉴别），手机上读书也可以。总之，你要随时随地攫取信息，要有一种饥饿感。**为什么古人形容好学用“如饥似渴”？其实就是要像爱吃饭那样地爱学习。**

第二个态度叫书不离笔。书要跟笔联系起来。很多学习好的孩子能做到手不释卷，很多勤奋的孩子也能做到，我的很多做大生意的同学也能做到。但是很多人做不到“书不离笔”，这个确实有点儿难。书不离笔就是不要空白地读书，一定要适当地做点儿笔记，做点儿批阅，做点儿圈点。总而言之，你看的那本书只要不是从图书馆借来的，就不能让它干干净净的，像刚买来的时候一样。

我小时候为了证明自己的记忆力好，一个铅笔道儿都不在书上画，我的书永远是干干净净的。老师每次留的作业我也都记在脑子里，老师说“第 18 页第 5 题到第 7 题画下来，第 20 页的第 2 题到第 3 题画下来”，我都记在脑子里，从来不画。老师说“你怎么不画啊？”我说“没事儿，我能记住。”我就是为了一个学期下来书依然干干净净的，这证明我很牛。但是后来思想多了，就记不住了，记不住怎么办？这个时候就开始在上面写字了，但我的字写得很差，我很心疼破坏了书的美观。时间长了，我发现这样做之后的收获很大。在书上写下感想，写下联想到的一些有关的事情，这才证明是真的读过这本书。

这样做其实就是孔夫子讲的“学”与“思”的关系，即“学而不思则罔，思而不学则殆”。你不要等学完了回家再去思，学的同时就要思，做笔记就是一个思的过程，是在书上留下你自己思考的印记。

有朋友问，“孔老师，我看你在博客里写那么多的读书笔记，那你每天写博客得用多少时间？得花几个小时吧？”我说，“不是，我从中学起就养成了做笔记的习惯，但以前没有网络、没有电脑，都是写在读书卡片上，上面写着题目、书名、出版社，还留有做笔记的地方。有时候卡片太小写不下来，我就拿白纸或者信纸写，写完了就放到一个袋子里。当我要做学问、写文章的时候，就把这些东西掏出来找。比如我要写一篇关于鲁迅的文章，我就把相关的东西翻出来，看看我曾经做过什么笔记，再把鲁迅的书打开，鲁迅的书上我都密密麻麻地做了批注。

我前几年出过一本《鲁迅小说评点》，我只需在以前工作的基础上整理一下就可以出版了。现在，我把这些读书笔记编排编排就变成了现成的博客，我并不是为了写博客而临时写这些。”

所以，要养成一个不动笔墨不读书的好习惯。如果你是在外边读书，没有办法、没有条件就算了，有条件的情况下，要把笔放在书旁边。我家里到处都有书和笔，所以我家里乱七八糟。我最烦别人帮我收拾东西，别人以为收拾得很整齐，但依我看很混乱，我的要求是不管我走到哪儿，沙发边上、厕所、厨房到处都有书，有书的地方还要有一两支笔，因为看书时随时可能就有想法，就要拿笔哗哗地写下来，写完也还放那儿。

一定要把读书看成一个很自然的事情，在这个问题上我们要向西方学习。我们古人把读书这件事弄得太高尚、太高雅了。在古代，“读书人”是个专门的用词，读书人在大众眼中不得了，大众对读书人的期待也更高：你是读书人你就应该怎么怎么样，就不能怎么怎么样。而在美国、法国，读书是一件很平常的事情，没有“读书人”这个概念，谁都读书，他们的书也是到处都摆着，书房、厕所里都摆着书。就是说要把读书看成一个平常事，不是一个高雅的事。你的高雅要表现在读什么书、思考什么问题上，不表现在读书还是不读书上。

第三个态度叫疑而后知，也就是说读书要有怀疑精神。

大家读了这么多年书，都认为自己会读书了，但是我问你，“你会读书吗？‘读’是什么意思啊？”这一问恐怕又会问住很多同学，就像“书”一样，“读”是什么意思？“读”是“念”吗？不是。学过文言文的同学，知道这个字还念 dòu，句读的“读”，“读”这个字本来的意思是逗号的“逗”。古人写文章是没有标点的，一个字挨着一个字写。

你学的文言文是标点了符号的文言文，是我们这些大学里的教授给你嚼过的馍，你怎么能够保证我们标点的这些都是正确的呢？依我看谁标点的都可能有错误，包括我，只有没标点的才没错误。

古人是怎么读书的？拿着一支笔，读到一个地方，他觉得该停顿了，就画个点，这个点就叫“读”。读到一个大的停顿，他觉得这一个完整的意思结束了，画一个圈，这叫“句”，合起来叫“句读”。读书人就是这么产生的，什么叫读书人？读书是个技术活，读书人是个技术工种，得拿着一个工具，在那儿一会儿读，一会儿句，一会儿句，一会儿读，句读之人才叫读书人。

所以，这个“读”一开始就跟思考、怀疑连在一起，不是念出声来就叫会读书。今天的“读”已经变成诵读的读了，是指念出声来。当然念出声来很好，但重要的是自己得知道断在哪儿，知道断在哪儿就说明你自己知道意思。所以，高考语文题中有给古文加标点的考题。我们认为，只要会加标点就说明你懂了它的意思，标点加错，必然是理解错误。

从“读”字我们知道古人强调读书要有怀疑精神，心里经常要问“对吗？”当然同学们在学校学的东西大部分都是对的，因为经过了整个国家教育系统的层层检查。

怀疑的目的不是要推翻它，经过怀疑之后接受的那个正确的东西才能真正变成你自己的。比如一个公式，你必须怀疑过它，它才能够深深地印在心里边。

我记得我上中学的时候，我后边有一同学叫老倪，他有一段时间就经常怀疑，说：“老孔啊，这三角形内角和真的等于180度吗？我怎么觉得不是呢？”他成天拿着量角器量，量完之后在那儿加，他说觉得不太对，有的时候小一点儿，有的时候大一点儿。我们觉得这个人特别荒谬，就说：“有病啊你，老师都告诉你就等于180度了。”但是经过这种比较荒谬的怀疑之后，三角形内角和是180度这件事他八辈子都忘不了，因为这是经过他自己思考得到的东西。

你从小培养这种怀疑精神，长大之后才能成为一个真正有独立思考能力的人，因为工作之后遇到的东西和学校里完全不一样。为什么会不一样？因为在学校里你学到的东西大多数真是正确的——尽管我们今天这个教育体系还有不少问题，但还是大家以90%以上的负责精神告诉给你的，我们告诉你的东西可能是过时的、僵化的，但是一般不会错。工作之后，你遇到的东西没有人能保证它的正确性，这个时候如果没有怀疑的能力，你就会被淹没在信息的海洋中。

比如网上的信息很多是不靠谱的，所以我对在网上看到的任何一个新闻，第一感觉、第一反应都是“我不相信”，而事实证明我这个“不相信”经常是对的。常有新闻发布几天后，有人出来辟谣说不是那么回事，再过两天又有第三个人出来说还是那么回事，到底哪个可信呢？你心里必须经常地保持一种怀疑精神。

学好语文、学好数学都非常重要。很多人以为我语文学得最好，其实我数学学得最好，我从小成绩最高的是数学，我认为数学素质不强的人语文也好不了。

经常有人举大学者的例子，说毛主席的数学就不好，钱钟书的数学就不好，那他们的语文怎么那么好？你说的数学不好是指他成绩不好，不是说他没有数学能力。你看毛主席在解放战争中的表现，你看《毛泽东选集》（以下简称《毛选》），他天天都在算账，算得可清楚了：“这个月我们消灭国民党 30 个旅，下个月准备消灭 20 个旅”，天天在心里头算账。

有数学和语文能力，就有逻辑推理能力，就会去质疑有没有别的可能性。记住“尽信书不如无书”，书上的东西不能完全相信。

西方的传播学，就非常注意几个“W”的问题：谁在说？谁在什么场合对什么人说？为什么而说？

读书，要永远怀着这个态度。包括孔子的话，都不能迷信。我们今天弘扬国学、弘扬传统文化，很多学者就把孔子的话讲得浑身是道理，认为孔子从来没有错过，这就形成新一轮的个人崇拜。

我们说对毛主席都不能进行个人崇拜，圣人再圣也是人不是神，他有圣的地方也有平庸的地方，孔子的话也要怀疑之后才能接受。孔子让我们好好学习，说“学而时习之”，这挺好，那我们接受了；孔子讲“有朋自远方来不亦乐乎”，大家来聚会，交流感情交流学习这也挺好；孔子还说“唯女子与小人难养也”，有一些学者拼命把这句话分析得有道理，认为“孔子其实不是这意思，孔子其实对妇女挺好的，孔子说的这小人是指小孩儿，是说小孩儿不好养”，这就有点儿为圣人讳，是拼命地想把圣人的话都解释成正确的。然而，孔子那个时代就是看不起妇女的时代，孔子看不起妇女是很正常的，这不影响他是圣人，不是说我们句句话都要听他的。

所以，**学好了语文万事万物你都能看透，干什么都摧枯拉朽。把世界上最复杂的符号（汉字）弄明白了，别的问题就可以迎刃而解。**

古人训练人才就是从分析语法、字词入手。鲁迅看问题怎么那么深刻？本事怎么那么高？他根本用不着一门一门地去体验，他年轻的时候跟着章太炎学文字，其中就有《说文解字》。他是一个字一个字地学，而且每个字都从甲骨文时代一直捋下来，就像前面我们讲“句读”的“读”这样学。你只要能像这样搞明白500个字，天下就没有学问了，你就什么都明白了。

第四个态度叫知而后行。我前面讲的那几点，中国人整体上做得还不错，中国人能读书，中国人读书有怀疑精神，中国人能够做笔记，这些都能做到。

中国人最大的问题，或者说近代以来最大的问题，是知识和实践脱节，中国人知道好多道理，就是不按照道理做。

中国人知道的道理是世界上最多的，包括我们学术界的人。我们知道的道理太多了，就像我刚才说的每个国家重要的思想著作我们都读过，但是那个国家的学者可能都没读过那么多书。

所以我们今天讽刺很多知识分子不是知识分子，只是个知道分子。“知道分子”这个词是贬义的，是贬低人的，这是中国近200年来落后的最主要问题。

今天我们弘扬传统文化，这个很好，我很赞同，但有一个问题要思考：是不是我们学了传统文化，中国的问题就解决了？今天再弘扬传统文化，我们还能比清朝人更有传统文化吗？不可能。鸦片战争的时候，我们不是举国都是传统文化吗，还不是被打败了？你说传统文化好，那古人为什么就不行了？那时候的人对四书五经掌握得比我们娴熟，一个小学生四书五经都背得比我好，国家怎么就衰亡了？原因就在于知而不行，学的都是死知识，自己在生活中并不打算那么去做。

其实世界上的道理很少，你能抱住一个道理去实践，就是一个了不起的人。“仁义礼智信”，就这几个字你能做到吗？

从马克思到《圣经》，到我们的儒释道，世界上大多数道理都被前人讲过了，剩下的是让你去做。圣人跟我们的区别在哪儿？

圣人不见得是特聪明的人，禅宗的六祖慧能连字都不识，但是他能做实事，所以圣人都是能去实践的人。

“践”是什么意思？抵足触地，一步一个脚印儿地走在地上，就是赵本山小品里说的“走两步，给我走两步”。“走两步”就是实践的意思，我们大多数中国人都经不起拉出来走两步。

鸦片战争以后，中国知识分子发现了这个问题，从孙中山到毛泽东到邓小平，这些领导人讲的都是实践问题，知而后行的问题。蒋介石为什么喜欢曾国藩，天天读曾国藩啊？因为他感觉到国民党上下说一套做一套。国民党也是革命党，控制了几乎所有的资源，武器那么先进，那么多国家都支持他，他怎么就被共产党打败了呢？蒋介石曾说“我们国民党是被国民党自己打倒的”。自己怎么能打倒自己？原因就是知而不行，说的是革命的口号，做的是贪污腐败。

这是国家大事，对我们个人来讲，你能把所学到的知识用到你的生活实践中，即使用到一点儿也就足够你享用一辈子了。表里不一对个人来说是毁个人的前途，对国家来说是毁国家的前途。

现在还有很多的学者不断地发明新的道理，而我已经不怎么发明新的道理了，总是讲旧道理，我认为旧道理够用了，用小平同志的话讲是“五十年不动摇”。其实我们有很多旧道理，用一百年都没有问题。

有人说希望中国再出一个鲁迅，再出一个茅盾，我说用不着，一个鲁迅我们还没使完呢，这一个鲁迅够我们使一百年的。问题

是，你读了鲁迅之后，只是把它当一个知识点去考试，而不是去运用到生活中。有的中文系就学鲁迅生于哪年、死于哪年、写过什么著作、有什么思想，学生们把这些背下来以备考试之用。这样的话，还不如不学呢，这些东西在图书馆可以查到，上网也可以查到。我们学习鲁迅的关键应该是知道鲁迅的精神，并把这个精神在自己生活中给体现出来。

知道之后再去实践，这才叫真正的会读书。古人提倡把“读万卷书”和“行万里路”结合起来。“行万里路”不是让你去旅游、去游山玩水，**而是让你把这个知识运用到实际生活中，这样就能做到孔子讲的：忠、恕、仁。其实，就这几个简单的概念，你能够做到就不容易了。**

“忠”不仅是古人讲的忠于国君，还要忠于事，忠于你的工作，忠于你的学习，忠于每一个你遇到的人，这是对自己的要求。

对别人要“恕”，要宽容别人，少挑别人毛病。现在的很多人自己修养不好，老去挑别人毛病，掌握别人一点儿错误就使劲骂，这样很不利于自己的成长，会把自己的精神弄得很偏狭。

“仁”是一个很大的概念，对宇宙万物、天地，都要有一种是自己生命不可分割的一部分的感情。即便是你讨厌的人，你也要认识到你跟他在宇宙中是有关系的，甚至在一个更大的系统里你们是一体的。认识到这一点，你在读书的时候会爱上书，你会感到它是很可爱的，你会带着感情去读书。

我不太喜欢“刻苦学习”这个说法，这可能跟一些老师的想法不太一样。很多老师号召学生刻苦学习，但我认为，你要是觉得学习是痛苦的，那你就不要学了，干吗要去做一件痛苦的事情呢？我们曾经刻苦玩过游戏吗？不曾吧。玩游戏的时候不觉得刻苦，为什么要说学习刻苦呢？

我认为学习是快乐的事，一定要有孔子“不亦乐乎”的精神。怎么找到快乐？就是知道学习对我有用，就像我们吃肉、吃鱼的时候很高兴一样，我吃了它它就是我。在学习上，不管我读的是孔子，还是马克思、康德，他们的思想就变成了我的思想。无偿地占有别人的思想，何乐而不为？有了这种精神状态之后，你就是一个乐观的人。**说到底，读书还是要“为己”，要使自己成为一个乐观的人。一个快活的人，活在这个世界上是特别有劲的。**

上面讲的四种书和四种读法，是大而化之地讲，是在不讲专业的情况下，**对所有同学而说的，就如同养生专家在电视上说要怎么吃饭、怎么吃药一样，不可能照顾到所有的人，那么有具体问题的时候我们再具体分析。**

我希望当代中国成为一个书声琅琅的文明大国。

好，我就说到这里。

泪与墙

——谈苏童[①]的《碧奴》

我没想到今天来参加的，是这么大规模的一个会，这么一个群贤毕至的会。我倒很喜欢参加当代文学界的活动，因为我是搞现代文学的，喜欢到邻居家里“捣捣乱”。其实我今天最感兴趣的是，我发现王娟老师坐在这儿。在现代文学和当代文学结合起来的会上，有一个民间文学学者闯入。

我们这种研讨会经常被媒体批评，他们质疑说，那些好像表扬的话，其实是真的表扬吗？比如说张颐武的语法是什么语法？他一连串用了七个“伟大”，每一个“伟大”都一样吗？我发现有很多人误解他的话，因为他们不理解他的语法。

刚才王娟老师说“十年不搞小说了”，一个北大中文系文学

---

①苏童：茅盾文学奖得主，当代文学大家。

专业的老师真的不看小说吗？所以你要从这样的角度去考虑话语问题。

在今天这个研讨会上，我听出了每个研讨会都会有的批评和表扬，但这个批评不像苏童开头所说的批斗会。张颐武讲了，现在我们的批评，对媒体影响比较大，但是我觉得这个也不可怕。因为网络毕竟是虚的东西，从网络上下来的人，都是很好的人。我对苏童的《碧奴》，首先的一个接触，是听说苏童写了一部《碧奴》，感觉挺兴奋的。拿到这本书读了之后，感觉这是一个很不错的作品，我所谓的不错是比较“好看”。我看电影、戏剧首先看是否“好看”，然后再看是否有价值。另外一个原因是我对苏童一直有比较高的评价，因为这本书是苏童写的，所以我沿着这个先在的号召力去阅读。

凡是我参加的会，我保证不会让人家下不来台，这是我做人的习惯。我先说这个书有几个明显的优点，第一是态度非常认真。这是一个“活”，是英国出版社挂衔，其他的出版社参与。我们学者每年都在承包这样的“活”，由什么机构发起，搞一个系列。所以，首先我注意到这是一个“活”。那么承包到手里，就有认真和不认真之别。我觉得这个“活”干得很认真，因为不同的人承包了一个任务后，他在什么意义上完成、成不成，是很不相同的。苏童完全是认认真真地另写了一个新的故事。

其实孟姜女的版本，民间有好多遗存。前几天，我在西直门地铁站，看见一个老太太，还在那儿唱孟姜女的其中一段呢。我觉得孟姜女的故事始终没断，只是在我们学者之间断了，所以我觉得王娟老师的话其实是在批评我们学者。苏童写《碧奴》，是非常认真地在创作。

第二，创作的过程中，保持了自己的惯性，保持了苏童一贯的灵气、美感。

第三，就是运用了苏童比较拿手的超现实主义手段。

第四，语言上非常清晰、明快，保持了苏童的风格。我觉得任何一个人拿到苏童的《碧奴》，不管你怎么评价，这本小说读下来，你读得都是很畅快的。

但是我要提两个问题，起因就是我感觉读得太快。我读中国当代长篇小说速度非常快，基本上是每小时10万字。很多人都质疑，说你每小时怎么能读几万字呢。这本书20万字，我用两个多小时读完了，我都写在博客上了，而且还带有点批评色彩。最后的部分，我读得不是很细。我读书前20页一定是细读的，但是后面读得不一定特别细。

第一个问题，从阅读中我感受到作者的一种困惑。作者承包这个活以后，他一定会想如何完成这个活。假如要给孟姜女拍电视剧的话，毕竟会加入那些浮躁的东西。但是苏童却不愿意这样做，他还想把这本书变成品牌。他在序言里面和后面写的那些话，实际上是他抽象的想法和抽象的愿望。孟姜女到底是什么阶级？“底层”并不是一个阶级，他只是走到了问题的边缘，并没有进入到这个问题里。

抛开孟姜女的传说，如果就说苏童新写了一部小说，大家会觉得小说写得非常好。但一读小说，你就想起孟姜女来了。而这个故事，大家早就知道了。

我们看到的《碧奴》，首先不是哪个国家的故事。《碧奴》和“孟姜女”，二者比较之下，没有赋予更新的意义和更新的深度。这个问题可以从正面去评价，也可以从反面去评价。

我们能不能说，讲了一个小人物的命运，就一定能够破解大历史？我觉得这个要从实际出发，恐怕你没有破解大历史，而是回避了大历史。也就是说你借着这个神话，这个“活”，去干了另外一个活，是挂着一个旗号去干另外一个东西。

比如说我想研究陈晓明的学术道路，但教育部没有这个项目，我只好找到另外一个项目去假途灭虢。对于苏童笔下的“碧奴”，我觉得她的语言过于牵强。名叫“碧奴”的女子，她去寻夫，小说中强调的是哭的神奇性，我觉得这一点非常别致。把哭这一点放大，这一点写得很精彩，而且我还希望写得更精彩。但是说到底，这是想象的新奇，创造技巧的新奇，并没有把神话的主题更深入一点。

虽然“孟姜女哭长城”这个故事听起来很简单，但是我们怎么解释这个神话？老百姓理解的孟姜女，是不是其主题就是爱情呢？孟姜女神话到底有几个层面？里面如果有政治的层面，是不是我们回避掉了？这表示我们很牛，但未必是这么简单。这是谈的《碧奴》与神话的关系问题。

第二个问题，苏童将神话进行了再创作，而且创作得非常好。我为什么读得这么快？是因为作品去掉了中国背景。这个故事不像中国的故事，我不能说作者是有意“去中国化”，他显然是无意的。我想这样说，郭敬明也可以写出来淡化历史背景的、语言非常精彩的小说。

我觉得这可能也正是当下中国文学创作存在的一个问题，可能是普遍感到的一个问题。比如说前一段时间铺天盖地地对陈凯歌《无极》的批评，我开始不明白他到底什么地方得罪大家了。后来我发现，**《无极》不是中国的，不知道是哪国的，好像是“乌有之乡”的。所以陈凯歌和张艺谋一道，都被周星驰的中国化的《功夫》打败了。**

面对中国四大民间传说之一的孟姜女的故事，如果完全把国家的一面回避掉，能不能很好地完成这个任务，我觉得是本书应该思考的一个问题。在我看来，**孟姜女这个故事之所以千百年流传，核心是存在着矛盾冲突的双方：一个是“泪”，一个是“墙”。孟姜女是泪与墙的冲突，是泪跟墙的对话。**

我们可以重新去解释泪和墙的关系，我们重新解释之后，并不等于又回到文学和政治的传统的关系中。我觉得苏童小说的出色之处，是把“泪”讲得太好了。这可能是苏童超人的艺术技巧所致。我想这个故事的改编，出版社找余华行不行，找王安忆行不行，我在脑子里过了一下，我觉得他们不会比苏童写得更好看。但是我发现这个小说在突出泪之后，恰恰由于没有突出墙，或者有意地回避墙，这个泪的感动度就不够了。**这个泪的想象，是真的好，相当棒，但是我没有很被打动。**

相反，我被西直门地铁站老太太唱的小调给打动了，在那里，我真的好像看到一个小小的个人的命运，一个小女子在巨大的时代夹缝中的哭泣。这个“墙”，不见得是长城，墙已经被象征化了，好比我们今天说人民解放军是万里长城。这个长城是怎么被符号化的？这个长城可以是很多很多东西，也就因此有很多很多写法。

我感觉这些年，已经成名的当代作家都有这样那样的困惑。从余华的《兄弟》里我看到了这种困惑，从贾平凹的《秦腔》里也看到了这种困惑，也包括杨志军的《藏獒》，他们都在找一些“空阔的力量”。今天我从《碧奴》中也看到了，作者似乎也有这样一种困惑。

我还是寄希望于中国当下的这些创造力非常强的作家，**你们的这些困惑不要白白产生，应该通过这些困惑，结晶出更扎实的文艺作品来。**

2006 年 9 月 1 日下午

于北京大学英杰交流中心

今天你读书了吗？

——孔老师谈读书

东南电视台《大家茶馆》节目

旁白： 古时有人说，“好读书不求甚解”，读书应该怎样读，文化大家说秘诀。请继续关注《大家茶馆》——今天你读书了吗？

主持人徐德亮： 刚才我们提到一句话，叫作“好读书不求甚解”，这是一句古话。难道我们中国人以前就是浅阅读比深阅读更流行吗？ 我们请著名的教授孔庆东老师跟咱们一块儿来聊一聊。孔老师您好。您平时是怎么阅读呢？我相信您是遍览诸子百家。

孔庆东： 我是乱七八糟地阅读。

徐德亮： 估计是浅阅读多一点。

孔庆东： 深深浅浅都有。“画眉深浅入时无”，它是不确定的，不能自个儿就决定了自个儿是深还是浅，深浅是相对的。一般人理解阅读总是从读物本身去考虑，其实读物不能决定你的阅读是深是浅，是深是浅是由主体决定的。比如有的人认为《红楼梦》就是一本黄色小说，所以他就把《红楼梦》读成黄色小说了。所以鲁迅说《红楼梦》什么人看见是什么，革命家看见排满，道学家看见淫，它跟主体有关系，是由主体决定的。你刚才说，好读书不求甚解，很多人不好好读书，就拿这句话来为自己辩护。

徐德亮：这是陶渊明说的。

孔庆东：对，你应先看这话是什么人说的，这是一般人说的吗？说这话的人已经把书都读完了，他说“我好读书不求甚解”，你一文盲，你也跟着说“好读书不求甚解”——你根本就不会读书。好读书也是一个非常高的境界，非常非常高的境界才能说不求甚解，因为那时候已经求不了甚解了。

徐德亮：这跟我们说的所谓浅阅读不是一码事。

孔庆东：根本就不是一码事。就像牛顿在实验室里，他看见的到底是光还是波，他决定不了，最后说问上帝或者扔硬币吧，你不能说他这是浅阅读，他已经到了最高的层次了。所以人永远要首先反省自己，我现在处在一个什么阶段，我这个阶段应该怎么读书，然后再去考虑读物。先考虑主体，然后再考虑读物：这个读物适不适合我，是不是我的专业。

我是搞文学研究的，我读文学作品得认真读，因为那是我的工作；对于减肥类的图书，我可读可不读，怎么读都成，因为即使我说错了什么也没人找我茬儿，没人让我负责。

徐德亮：一般人看小说就是看故事，是浅阅读，但是文学工作者看小说，那就得琢磨，从里边找它的规律性。

孔庆东：我就不同意很多青年人要考中文系学文学，我说这是很痛苦的一行。他们老说学文学多好，老看小说、看电影，我说你不懂，你不学这行时它是一个乐趣，等你学了这行那就不是乐趣了。同样坐在电影院里，你一会儿哈哈哈，一会儿哈哈哈，我们不能老哈哈哈。我们要分析，这是什么节奏，那里是不是伏笔。这很痛苦。所以深浅、大小、前后，都是由主体决定的。

徐德亮：就像大众都说做游戏的职业是最好的，游戏编成以后他们可以自己玩。实际上，他们要把所有用户想到想不到的路数都穷尽，那些人是最痛苦的。

孔庆东：我接触那行的一些人成天被老板训，一会儿说你这块儿画错了，一会儿说你这块儿画得不好……咱们玩游戏的时候是高兴，但只是咱们高兴罢了。

但是，深的决定着浅的，所以我们教育孩子，都要求他从深阅读开始。你不能说小孩到了上学年龄，给他买 100 本书，让他自己去翻，没这么教育孩子的，这是把孩子坑了。肯定要从一本书开始，先读这本书，要把这本书翻过来倒过去反复读。咱们上学的时候不就一本教材学一学期嘛！为了什么？就为了深阅读，甚至能背到滚瓜烂熟。在一少部分书上花这么大功夫，值吗？单独看好像不值，但是从一辈子来看是值的，因为你把这少部分重要的书拿下来之后，就可以浅阅读了，你就会越读越快了。

我喜欢谈这个话题，因为经常有读者问：你怎么读书那么快？他们看我的博客，知道我一天能读好几本书，一个下午就能读一本小说。

徐德亮： 而且读完以后还能写出评论。

孔庆东： 他们老想让我介绍秘诀，我说没什么秘诀，只是因为我曾经读得非常慢，所以我今天才能读得非常快。他们问读什么书非常慢，我说读四书五经、唐诗宋词读得慢。一首唐诗28个字，我且琢磨呢。一句“黄河远上白云间”，我读了多少年了，每次读起来还是有滋有味，我还在琢磨，这里边还有没有什么味道。

比如说今天有一个叫徐德亮的写了一本爱情小说，我一个下午就读完了。多少爱情故事的经典著作我都读过了，罗密欧与朱丽叶早就拿下了，读徐德亮的爱情故事一下午读完没问题。所以是慢决定了快，深决定了浅。我觉得特别是对孩子，对学生，家长要教育他们踏实地读书，告诉他们将来到了爸爸妈妈的年龄，读书就是快乐了。

嘉宾： 基本功已经做好了。

徐德亮： 但是现在社会上，有这种基本功的人仿佛不多，很多人都在浅阅读，大都是在网上看看新闻。

孔庆东： 这也是人之常情，特别是对于成年人，我们不能要求他用很多时间去做深阅读，一个原因是他在成长过程中已经深阅读过了，另一个原因是成年人都有自己的专业工作，他肯定有他必须深阅读的东西，所以当他用自由时间来阅读的时候，多数情况下是浅阅读。所以，我们供给成年人的东西应该是深浅搭配得比较好的，或者说浅的东西多一点是有利的。

嘉宾：对，他们通过浅阅读获取了大量的咨讯，增加了与他人沟通的谈资。

徐德亮：这也是一个吸收知识的途径。对我来说，一个小时看了100篇文章，我可能吸收了100个知识点，虽然可能哪个都不太精，但是聊天的时候都能聊上几句。

孔庆东：还有，经典著作是从时髦书里产生的，并没有天生的经典著作，哪些是经典著作，哪些不是经典著作，没有谁规定过。

嘉宾：对，我还是有希望的。

孔庆东：那当然。你想《红楼梦》产生的时候，谁知道它会成为四大名著之一？《红楼梦》成为名著，是五四运动时的事，是鲁迅、胡适等人把它列为四大名著之一的。当时这种才子佳人的爱情小说多了，有一两百部，大家读的时候也不知道这会是经典，谁也不可能单独就奔《红楼梦》去了。但是读来读去，几十年、几百年过去了，别的书都忘了，这本书给人留下的印象最深刻。贾宝玉、林黛玉早已深入人心。金庸也是这样，我们上大学的时候，读了一两百部武侠小说。

徐德亮：有梁羽生，再早一点的有还珠楼主等。

孔庆东：读完之后就在宿舍里侃吧，侃来侃去还是金庸给人的印象最深。

徐德亮：一说武侠想到的就是郭靖、杨过。

孔庆东：所以不要说人民群众都是浅阅读，这是看不起人民群众，人民群众在经年累月的浅阅读中，烘托出了经典，经典就产生在这些浅阅读里了。 再比如说流行歌曲，如果说一首流行歌曲能唱30年，那它就是经典。邓丽君的歌就是经典。跟邓丽君同时期的很多歌星，似乎跟邓丽君差不太多，但是经过一定的时间，我们把那些人都忘了。我们就记住邓丽君了，这就是经典。

所以不能说让人们绝对不读浅的、简单的、时髦的东西。但是都读时髦书，若能早点发现哪些书是经典，说明你水平高，你早早地发现了百万军中的上将。

徐德亮：那在过去的传统社会里，文人是怎样阅读的呢？

孔庆东：在过去，因为没有今天这么发达的印刷业，很少有书被印出来，但只要印成书的基本上都是精品。过去印一本书的成本很高，特别是在毕昇发明活字印刷之前，那得一版一版地抠出来。

徐德亮：在整块大木板上刻。

孔庆东：所以，凡是印出来的书，都得流传很久很久的。比如李白的诗，经过口口相传，有人认识到能靠它赚钱，才肯出钱把它印出来。那个时候印刷出来的东西基本上都是精品，所以古人只要让孩子读书即可，不需要去鉴别好书、坏书。

为什么今天需要鉴别了？是因为印刷业取得了巨大的进步，印本书太容易了，什么人都能出书，包括一些不健康的思想、抄袭的东西，都能够被印出来。

徐德亮：纯凑的东西。

孔庆东：所以咱们比古人活得累，咱们需要鉴别哪些是书，哪些不是书。

徐德亮：原来书商就替你鉴别了。

孔庆东：对，所以很多家长困惑，说一进书店就懵了，目迷五色，问我怎么办。我说首先要勇敢地认为，书店里的大多数书都不算是书。

徐德亮：很多垃圾。

孔庆东：对，当然这么说可能是夸张一点，但必须要有这种认识。在拿不准的情况下，要相信我们耳熟能详的、最有名的作品，这样就不会受骗。因为古人拿不到稿费，他是不会谋利的。

书剑八方

——孔庆东谈读书

读书观止

千古第一白话文

——解读《为人民服务》

导读：**我们看这样一篇文章，你每读一次，这个人好像重活了一遍。什么叫神仙文章？这就是神仙文章。我孔庆东是读过古今中外数不尽的好文章的人，我用我的生命感受来发言：我认为，这是人类文明中，最伟大的一篇文章。**如果你家里有孩子要高考，把这篇文章读好了，高考作文一定是高分！这是我孔庆东的作文秘诀。

今天这个日子，我想讲一讲《为人民服务》这篇文章。

我们想想共产党早年，还不是被毛泽东领导的时候，多么艰难曲折！我们学党史的时候、学军史的时候，红军时期那是绝对的悲壮，学到抗日战争时期，就觉得不太悲壮了，学到解放战争时期，就觉得没啥意思了，这仗打得势如破竹，打哪哪儿胜利！

为什么？就是因为毛泽东在窑洞里解决了马列主义的理论问题，解决了这个党的一切理论问题，也就是收拾了自身的问题。

确立了毛泽东的领导地位之后，这个党为什么战无不胜？因为内部没有极左，也没有极右，都摆平了。它的左右是正常的一左一右，所以这个党就像儒家所说的“修齐治平”，**把自己修养好了，外边的世界是小菜儿。**

毛泽东在窑洞里写了一系列光辉的文献。很多普通群众可能觉得深奥，毛泽东已经是够通俗易懂的了，但是对于普通群众来说还深奥。所以，看到这个问题，林彪元帅用简单的方法，提炼出毛泽东三篇最有力的文章叫“老三篇”，“老三篇”里最了不起的一篇文章叫《为人民服务》。当然有人攻击林彪、批评林彪，说这是把毛泽东思想简单化了，毛泽东思想怎么能就是“老三篇”呢？毛泽东思想是一个体系啊。这种批评从理论上是有道理的。但是林彪不是没办法的办法嘛，那个时候，不要说是六七十年代，就是今天，有多少人能把《毛选》都读懂？所以林彪这样做是考虑到群众的情况，林彪总结问题喜欢用数字，林彪军事思想全是数字——“三三制”“四快一慢”“两点一面”，全是数字，好记。他总结的“老三篇”是很有效的。在六七十年代，中国人民大部分都熟知“老三篇”，有些坏人污蔑，说“文革”的时候逼迫中国人民都要背诵“老三篇”，背诵不下来会怎么怎么处理，没有这个事情。人的智商有不同，我的同学就有背不下来的，背不下来又能怎么着。不存在强迫人人都要背诵的问题。

我想先请大家听一个《为人民服务》的流行歌曲，来体验一下气氛，可能大家很熟悉这首歌，我两年前在“第一视频”做节目的时候，有时片尾曲就是这首歌。

【放歌曲《为人民服务》】

这首歌是“70后”歌手陈少华演唱的，是现代流行歌曲的风格，很受年轻人的拥护，很受“80后”“90后”的喜爱。其实革命的艺术从来都是结合最时髦的艺术形式来流传的，对于时髦的艺术，共产党从来不排斥，而是想法利用之、改造之，因为任何形式都是中性的。也许有的朋友没有听清，我读一下它的歌词：

为纪念一个叫张思德的老八路，

毛主席在延安写下《为人民服务》。

从此这句话哺育英雄几辈人，

当今的孔繁森，还有昨天的焦裕禄。

人民怀念他们啊，是因为他们为人民服务；

人民歌唱他们啊，是因为他们是人民公仆。

哦，为人民服务，作人民公仆，

当官不为民做主，不如回家卖红薯，

当官要为民劳苦啊，百姓更拥护。

词非常朴素，没有什么名言警句，正因此它更感人，其中还有一些词是传统戏曲中唱的，“不如回家卖红薯”，这句话就是传统戏曲的词。这首歌流行了好几年，可以说能够成为号召现在年轻人明白《为人民服务》背景的一个原因。我还查了电视台一个《历史上的今天》的节目：

【节目解说：现在看看历史上的今天都发生了哪些重要的事情：1944年的9月5号，中央警卫团战士张思德牺牲，随后在8号毛泽东为悼念张思德发表了著名的演讲《为人民服务》，这篇演讲影响了中国几代人的思想与行为。1983年的9月5号，引滦入津工程提前全线通水，自此滦河水源源不断地流向天津。1998年的9月5号，金正日当选朝鲜国防委员会委员长。】

到今天正好是70年过去了[①]，1944年9月5日那天发生了这样一件事，因为这件事情，张思德这个普通战士的名字就永垂不朽了。

我来简单介绍一下张思德。张思德出生于1915年，1944年牺牲时29岁，是29岁的老红军、老八路。如果是1915年出生，还参加过红军、参加过长征的人，到1944年，一般来说，地位应该已经很高了，可是张思德最大就当过一回排长，还当过普通班长，后来又当回战士去了。他是四川人，佃农出身，有个乳名叫古娃子，他1933年12月参加红四方面军，随后入团，是战斗英雄。他有很多的战斗故事，过去有一本小人书，叫《张思德》，就是写他的英雄故事。

这么出色的一个人，还是战斗英雄，他怎么就没当上官呢？我就觉得人呐，可能素质不一样，有的人就适合当领导，有的人

①该讲座时间为2014年，此处保留原文，未做改动。

就适合老在一线冲锋陷阵。那个年代，有的人十几岁就当了师长、团长。大家知道肖华将军，18 岁当了师长，那时他的警卫员 21 岁，那也得管他叫师长；林彪 20 多岁当了军团长，是司令级人物。

可是张思德有这么大的功劳，还是基层的一个战士。他参加过长征，我们一般学的长征是红一方面军的长征，其实红四方面军的长征更艰苦。张思德在张国焘领导下，曾三过草地。他就是在长征途中当过一次通讯营的排长。他 1937 年入党。到了陕北以后，红军被打得很惨，人数变得非常少了，所以都要降职使用，连长手下只剩几十个人，只能当排长用。所以张思德到了陕北之后，担任中央军委警卫营通讯班班长。他虽然没当高官，但是他的这个职位比较重要，说明这个人忠诚可靠。

他当中央军委警卫营班长的时间也不长，开展大生产运动后，毛主席就派他烧炭去了。1940 年他带领战士烧了三个月的炭，烧了 8 万斤，这些炭直接供给中央机关冬天取暖。

1941 年他又参加了南泥湾开荒。1942 年他被调回延安，当警卫班战士。1943 年他到了枣园内卫班，内卫班是毛泽东的贴身警卫，可见他忠诚可靠，具有一切普通战士的优点，所以才老在毛主席身边工作。

有的时候我们就感叹说，跟着毛主席真是没什么个人好处，跟着别的首长都升迁很快，到了中年都是坐镇一方的要员。我们查查跟着毛主席的那些人，大多数离开毛主席以后，就是普通工作人员，既不能升官也不能发财。“毛主席，我走了。”毛主席说：

“好，谢谢你。我送你一套《毛选》吧。”

我当面听毛远新同志讲过，他结婚的时候，毛泽东想了半天，没有任何送给他的礼物，毛泽东说：我没有个人财产，这个屋子里所有东西都是公家的，一个电扇、一张信纸都是公家的，我没有权利送给你，我有点稿费，我给你点儿稿费吧。毛远新不要。然后他们又去拜望江青，江青看他领着侄媳妇来了，很高兴，便送给他一件旧毛衣，这件旧毛衣毛主席曾经穿过，后来江青把它重新织了，又染过，把它送给毛远新当新婚礼物。

跟着毛主席好像没有什么个人的好处，张思德就是这样，弄了一圈回来还是当个战士。到 1944 年又需要烧炭，他带领 4 个战士去陕北安塞县烧炭，这回有经验了，烧了一个月就烧了 5 万斤炭。本来已经完成任务了，但小伙子太淳朴，他已经派战士把炭运回来了，最后一天，他说今天晚上也别浪费了，再烧一窑吧。这个晚上他又去烧炭，结果就出事了，用我们今天的说法，就是发生了泥石流塌方。塌方的时候，他把另一个人推出来，自己就没有跑出来。窑洞崩塌在西北地区是经常发生的，不幸被张思德赶上了。

所以张思德的一生有惊心动魄的战斗经历，有小时候受压迫、受剥削的经历，还有以后一日一夜朴朴素素的这种工作经历，你可以把它写成九曲一折，也可以三言五语概括它。

就这样一个战士牺牲了，我们想想古往今来，在任何军队、任何团体中，那个军队的领导人会怎么处理？

假如项羽手下有一个战士死了，梁山泊有个小卒死了，蒋介石手下一个小兵死了，巴顿将军手下一个小兵死了，冈村宁次手下一个日寇死了，他们会怎么处理？可能连问都不问，听都不听——这种事跟我说什么？不就死了个人吗！顶多给他点儿钱，这就算不错了。

可是毛泽东听到队长来汇报，当时就说：思德是个好同志，他是为人民的利益而牺牲的。这个队长马上就说：这个人还砸在窑里边，还没挖出来呢。毛主席一听很生气，他说：打仗死了人那是没办法，现在是搞生产死了人。不应该！马上就命令说：那一带狼很多，晚上要派人站岗，要是尸体被狼吃了，你这个队长就不要当了。

我们看毛泽东和其他革命领袖不一样的一点是，他指示的问题非常细、非常具体，他既是上帝又是牧师，他既是伟大的理论家，又是街道干部。街道干部管的那摊事他都管，怎么把尸体找到他都要管：尽快把尸体挖出来，洗干净，买一口棺材。最后又说：开追悼会，我要讲话。大家知道整个延安地区只有一辆汽车，这辆汽车名义上是毛泽东的，其实毛泽东没坐过几回，都是被其他机关团体，特别是延安那个幼儿园借着用，是大伙儿共用，毛泽东指示叶子龙用汽车去接回张思德的遗体，并指示警备团要开一个隆重的追悼会。

我想毛泽东对张思德——他身边的警卫战士，应该是有个人情感的，但是开追悼会绝不仅仅是出于个人情感，他觉得有必要在这个时候发表一次重要的讲话。3 天之后，1944 年 9 月 8 号，早晨起来，大家在枣园后沟一个土台子上临时搭起了灵堂，上面挂着挽联、悼联，里面的黑幕前安放着烈士灵位，前面放着毛主席送的花圈，中央办公厅送的花圈，中央社会部、西北工学、警卫团还有所在营连送的花圈，中间是毛泽东亲笔写的“向为人民利益而牺牲的张思德同志致敬”。台下是一千多名八路军官兵，也就是说当时陕北枣园一带能来的八路军官兵差不多都来了，而这么隆重的场面只是为了一个普通士兵。

我以前在一些地方也讲过，我说共产党真正实现了儒家的理想，就是人人皆可为尧舜。儒家说是这么说，但没做到，也只有少数人成为圣人。怎么能让多数人成为圣人？儒家总是在那里说教，没有一个办法。孔夫子很伟大，孟子很伟大，却从来没想过把一个劳动人民树为榜样。共产党怎么做到的？就是共产党专门在普普通通的工农兵中去发现英雄，去培养英雄。古今中外哪里找这样的例子，给一个普通士兵开这么隆重的追悼会？毛泽东就是在这种气氛下，走上灵堂亲手献了花圈，然后做了一个演讲。

这个演讲不是我们后来读到的《为人民服务》这么短的一篇文章，这篇短的文章两分钟就读完了，毛泽东其实讲了二十多分钟。电影《张思德》里面（毛主席由唐国强饰演）这一段，我给大家放个开头，大家听两句：

【电影节选：“同志们，我是9月5号下午得到的消息，几天了，一直睡不好觉，我想了一些事情，我仔细想了想我所认识的这个人。你们有的人可能不认识他，走在延安的大街上见到这个人，也可能不太理会他。就是理会了，也很可能记不住他，因为我们的队伍里到处都是这样的人——普通、平常，就像清凉山上的草一样。我们平时注意不到他们，也听不到他们的声音，可是正是这些人，支撑了我们全部的事业！同志们，我们的共产党和共产党所领导的八路军、新四军，是革命的队伍……”】

下面就是我们大家熟悉的那篇文章，是后来整理的。毛泽东现场讲了很多的内容，他肯定有开头、有结尾、有抒情、有现场的一些现挂的内容，这是《为人民服务》的来源。随后，毛泽东的这篇演讲稿先后在《战友报》《解放日报》《新华日报》上发表，版本有所不同，后来编入《毛选》，题为《为人民服务》。这篇文章最早是在 1944 年 9 月 21 号的《解放日报》上发表的，题目叫《毛主席亲致哀悼》。它有一个文本的演变过程，后来毛泽东亲自参加了修订。这就是《为人民服务》这篇经典文章的来源。

我把这篇文章在这里读一下，我每次读这篇文章都比较激动。许多许多年前，大概是 20 世纪 90 年代，有一个媒体采访我，问我谁的文章最好，我说是毛泽东。我说这样一句平平常常的话，那像黑夜里的一道闪电一样，也许有人会说“你这人疯啦？毛泽东还会写文章？毛泽东文章还是最好的？”我就讲了，我说毛泽东的文章就是一道阳光，照亮了一个黑暗的空间。当我跟记者说这句话的时候，我心里边回荡的就是《为人民服务》的声音。所以任何人，只要一读《为人民服务》，你就马上知道，这个文章一般人写不了，圣人才能写，或者是用李白的话说——黄河之水天上来。

【朗诵《为人民服务》】

为人民服务

我们的共产党和共产党所领导的八路军、新四军，是革命的队伍。我们这个队伍完全是为着解放人民的，是彻底地为人民的利益工作的。张思德同志就是我们这个队伍中的一个同志。

人总是要死的，但死的意义有不同。中国古时候有个文学家叫做司马迁的说过：人固有一死，或重于泰山，或轻于鸿毛。为人民利益而死，就比泰山还重；替法西斯卖力，替剥削人民和压迫人民的人去死，就比鸿毛还轻。张思德同志是为人民利益而死的，他的死是比泰山还要重的。

因为我们是为人民服务的，所以，我们如果有缺点，就不怕别人批评指出。不管是什么人，谁向我们指出都行。只要你说得对，我们就改正。你说的办法对人民有好处，我们就照你的办。“精兵简政”这一条意见，就是党外人士李鼎铭先生提出来的；他提得好，对人民有好处，我们就采用了。只要我们为人民的利益坚持好的，为人民的利益改正错的，我们这个队伍就一定会兴旺起来。

我们都是来自五湖四海，为了一个共同的革命目标，走到一起来了。我们还要和全国大多数人民走这一条路。我们今天已经领导着有九千一百万人口的根据地，但是还不够，还要更大些，才能取得全民族的解放。我们的同志在困难的时候，要看到成绩，要看到光明，要提高我们的勇气。中国人民正在受难，我们有责任解救他们，我们要努力奋斗。要奋斗就会有牺牲，死人的事是经常发生的。但是我们想到人民的利益，想到大多数人民的痛苦，我们为人民而死，就是死得其所。不过，我们应当尽量地减少那些不必要的牺牲。我们的干部要关心每一个战士，一切革命队伍的人都要互相关心，互相爱护，互相帮助。

今后我们的队伍里，不管死了谁，不管是炊事员，是战士，只要他是做过一些有益的工作的，我们都要给他送葬，开追悼会。这要成为一个制度。这个方法也要介绍到老百姓那里去。村上的人死了，开个追悼会。用这样的方法，寄托我们的哀思，使整个人民团结起来。

我们看这样一篇文章，你每读一次，这个人好像重活了一遍。什么叫神仙文章？这就是神仙文章。我孔庆东是读过古今中外数不尽的好文章的人，我用我的生命感受来发言：我认为，这是人类文明中，最伟大的一篇文章。世界上没有比这篇文章更精彩的了。而这篇文章只有700多个字，5个自然段。如果你家里有孩子要高考，把这篇文章读好了，高考作文一定是高分！这是我孔庆东的作文秘诀。但关键是你得有悟性，知道这篇文章好在哪里。

我的本行就是搞文学研究，我还当过三年中学语文老师，今天我们就以语文课的形式来分析一下这篇文章。**它好在哪里？它为什么这么有力量？它是怎么成为经典的？**我们一个自然段一个自然段地来讲。

第一个自然段，就像我说的那样，用李白的诗形容——黄河之水天上来，气势磅礴的开头。很多人说我也想气势磅礴，你没有那个气势怎么磅礴呢？**气势不是想有就有的，气势不是调门儿，你心里没有百万雄兵，就拿不出百万雄兵的气势来。**所以开头这句话只有毛泽东能说，这个话看来又是那么平平常常。李白说“黄河之水天上来”，你说这话你也能说，可你怎么就说不出来呢？只有李白能说得出来，而且好像说到你心里去了。

第一个自然段其实只有三句话，三句话是三个判断句，用了三个“是”。它的气魄是从哪儿来的？三个“是”加一个“就是”，第一句话的宾语是第二句话的主语。**伟大的东西往往有着非常普通的外貌，看着好像很平常，你们发现不了秘密，所以需要专业人员去分析，去发现它的秘密在哪里，气魄是怎么来的。**

“我们的共产党和共产党所领导的八路军、新四军”，平平常常的话，逻辑非常严密，不肯有一点漏洞。“党和军队”，军队又包括八路军、新四军。八路军、新四军都是按国民党的国军序列排的。但是毛泽东讲的好，这是共产党所领导的，你国军序列没用。现在很多抗战剧有一个细节不真实，当时八路军、新四军戴的帽徽都是国民党的帽徽，即青天白日帽徽，有的抗战剧把它改了，改成两个扣儿，那是不对的。戴国民党帽徽不要紧，只要我们是共产党所领导的军队，心里怀着共产主义信仰，为了抗战，我们可以戴国民党的帽徽。

这个队伍“是革命的队伍”，一句话定性党和军队的性质。

革命的队伍是第一句话的宾语，但是马上接着做第二句话的主语，“我们这个队伍完全是为着解放人民的，是彻底地为人民的利益工作的。”第二句话就把革命的意思给具体化了。国民党也说它的党、它的军队是革命军队，人家的军队叫国民革命军，就是国军。蒋介石一直到 1948 年还很沉痛地检讨：我们很多高级将领丧失革命意志，我们很多人被共匪俘虏过去，反过来杀害自己的革命战友。听他说得很沉痛，他认为自己是革命的。那我们怎么认为他是不革命的呢？他革命革到哪儿去了呢？毛主席把革命的意义具体化了。什么叫革命？是要解放人民，为人民利益工作，这才是革命，与此矛盾的就不叫革命。阿 Q 那种革命不叫革命，就是到有钱人家里，把人家东西搬到你家去，那叫革命吗？看人家女人长得漂亮，弄到你家去，那不叫革命。

然后第三句，紧承追悼会的意义，这是个追悼会，得谈张思德。第三句就是，“张思德同志就是我们这个队伍中的一个同志。”为什么开追悼会很清楚了：我们是革命的队伍，我们的队伍是为人民的，张思德是我们这个队伍中的。所以他解决了革命与人民的关系。

从修辞方面说这个文章，老师不老说开门见山吗？**这就叫开门见山，这是最光明正大的开门见山。三句话，一扇大门“啪”就打开了——**我们是革命的队伍，我们的队伍是为人民的，张思德是我们这个队伍中的。还有比这更开门见山的好文章吗？没有。所以很多老师讲了半天开门见山，都不如讲一段《为人民服务》，这就叫开门见山，**一座伟大的山站在那里，而且气势是堂堂正正的，我说叫天子气象。**毛泽东是革命领袖，不是封建帝王，但是他具有封建社会所塑造的那种天子气象。他所承担的实际的历史位置，就是一个天子——不是国王、不是国君，这个“天子”是个美学意象。

第二段，我们看古人写文章讲究起承转合，前面是一个伟大的起，有时候起得太高，下面接不住。为什么说人不要唱高调呢，你唱高调下边怎么接啊？唱一个高调把大家眼球都吸引来了，大家都看着你，下面却没话了。你看毛泽东怎么接的，上面是说张思德，张思德已经死了，正在开追悼会，马上得说追悼会这事吧，得说死这事吧？“人总是要死的，但死的意义有不同。”写议论文要有分论点，这就是分论点，分论点出来了——死亡的普遍性。死是有普遍性的，人总是要死的，这个话我相信其他阶级的领袖人物也能说出来，比如有人说“蒋委员长，你的一个警卫死了”，蒋委员长可能要说“人总是要死的”，这话别人也能说。但毛主席的伟大在于后面这一句，“但死的意义有不同”。咋不同呢？就要看说的水平了。

水平从哪儿来？毛泽东随口引经据典，“中国古时候有个文学家叫做司马迁的说过”。**为什么要这么说，因为那是现场演讲，在场的人有可能没有什么文化，你要说司马迁曰，下面的人就听不懂了，所以这个时候不能说“司马迁曰”，司马迁前面还得加个定语，这样下面人有文化没文化的都知道这是一个古代有名的**

人说的，文盲也听明白什么意思了。他给司马迁加了什么定语呢？他没说司马迁是史学家，说的是文学家。

毛泽东对司马迁的定义和鲁迅是一样的，鲁迅说司马迁的《史记》是“史家之绝唱，无韵之离骚”。司马迁伟大不是在史学家这方面，伟大在他是文学家。这个文学家不是舞文弄墨的意思，是古代意义上那个伟大的文学家。

所以轻轻松松就引了一个点，“人固有一死，或重于泰山，或轻于鸿毛”。引了这个点之后，下面肯定有人听不懂，伟大的演讲家要具有佛一般的爱心，注意到角落里可能有一个人没听懂。怎么办？马上要解释，解释又不能枯燥到“下面我翻译一遍”。下面的解释简直像流水一般，“为人民利益而死，就比泰山还重”。

这话既是翻译又是发挥，把意思翻译了，但又不是司马迁的原话，司马迁说过为人民利益而死了吗？没说过，这是毛泽东把自己的意思加到司马迁的意义之上。“替法西斯卖力，替剥削人民和压迫人民的人去死，就比鸿毛还轻。”把这意思翻译得通俗易懂，又具有时代性，司马迁哪儿知道啥叫法西斯啊。所以说毛泽东这种打通古今的本事，令人五体投地。

我就经常学毛主席这一手，追求各种文体之间自由奔驰往来。我前些年去日本参观——不是参拜——靖国神社，看看人家是怎么宣传的。那儿有一个留言簿，我这种人到一个地方不留言不行，那不白来一趟了吗，总得写句话。我想反正日本人都能看懂汉字，我只要写成繁体字就行了，于是写了一句：“为军国主义而死，轻如鸿毛！——北京大学孔庆东。”我相信每个来的日本人都能看明白这句话。我当时脑子里所想的就是毛主席这个生死观，都是一样的死，意义有不同。

毛主席在这个时候，又回到了儒家生死观的立场。**儒家了不起的地方就是讲死的意义是不一样的，孟子讲的大丈夫精神——“威武不能屈，富贵不能淫，贫贱不能移”，共产党继承得最好。而毛泽东将文言白话融为一体，讲出来又是这么通俗易懂，他是真正的文章大家。**

司马迁的话原文在《报任少卿书》里面，原话是这么说的：“人固有一死，或重于泰山，或轻于鸿毛，用之所趋异也。”毛泽东如果原封不动地引用这段原文，要解释半天，“用之所趋异也”，那些战士还有旁边旁听的那些老百姓能听懂吗？所以他说“人固有一死，或重于泰山，或轻于鸿毛”这句话后，马上借此发挥。最后说，“张思德同志是为人民利益而死的，他的死是比泰山还要重的”，归于张思德。

第二自然段逻辑严密，节奏分明。用一个分析古代文章的词就叫“骈散结合”，有对仗的部分，又有打开的部分。先说为什么而死、为什么而死，最后“啪”一下落在张思德上，像音乐一样。**毛泽东的文章为什么可以朗诵呢？因为带有音乐性。再仔细分析，每一个句子都是讲究平仄的，像写诗一样是有高有低。我们看——“他的死”，这是仄声；“是比泰山”，这是平声；“还要重的”，这是仄声。毛泽东的文章读起来是像正弦曲线、余弦曲线一样，**

是高低起伏的，是不用配乐就带有音乐性的，所以毛泽东是天生的文章大家，他必须写这样的文章。而这一段又是承接上文，可以说力举千金，前面那样伟大的第一段，只有这样的一段才能给它托起来。在这里，**你看毛泽东很轻松，实际上他是个大力士，这么短的文章，他搞得分量这么重！**

第二段讲的是生死观，生死观突破了，下面就要往更深的方面去讲。

下面这段话："因为我们是为人民服务的，所以，我们如果有缺点，就不怕别人批评指出。不管是什么人，谁向我们指出都行。"前面两段都是比较简单的句子组合，到了第三段，突然出现了一堆关联词语，因为前面铺垫好了，你看这里有"因为、所以，如果、就，不管、都"，出现了很多关联词语。我们在中学学语文的时候，学完单句学复句，是有一个顺序的。

毛泽东把前面两段铺垫好了，生死问题解决了，下面谈一个深化的问题，什么叫以"人民利益"为重："只要你说得对，我们就改正。你说的办法对人民有好处，我们就照你的办。'精兵简政'这一条意见，就是党外人士李鼎铭先生提出来的；他提得好，对人民有好处，我们就采用了。只要我们为人民的利益坚持好的，为人民的利益改正错的，我们这个队伍就一定会兴旺起来。"

这个自然段一共用了6个"就"，连续用"就"这个字，它所产生的是什么效果？它产生的效果是气韵沉雄，不容置疑——

就这样！就这么回事！但是你不能蛮不讲理地讲，要有原因，要有铺垫。因为什么？我们不是为人民服务的吗？所以有缺点，人家提出我们就改呗，为人民嘛。这里面两次说到“对人民有好处”，两次说到“人民的利益”，人民与我们的关系解决清楚了。

毛主席在讲道理的同时，顺便又让一个人名垂千古。这篇文章是纪念张思德的，张思德肯定名垂千古，他顺便还让另外一个人——李鼎铭成名了。你看那么多党外人士，就李鼎铭在《为人民服务》中出现了，毛泽东其实是故意的，不是随便的，他顺便就进行了统战工作，在这么隆重的场合举了一个党外人士的名字，对其他党外人士有着巨大的鼓舞作用。**圣贤做事情有一个主要目标，但他顺便也达到一些次要目的，他的力量很大，可以做到。**

第四个自然段我认为是毛泽东这篇文章的升华部分，他明确地提出了革命的仁义道德。这段话太精彩了，可以说这段话都是名言警句：“我们都是来自五湖四海”，我们今天喝酒的时候都说这句话——咱们都是来自五湖四海。“为了一个共同的革命目标，走到一起来了。我们还要和全国大多数人民走这一条路。我们今天已经领导着有九千一百万人口的根据地”，当时中国四亿多人口，到1944年的时候，共产党就领导了差不多1/4，“但是还不够，还要更大些，才能取得全民族的解放。”

下面这些话，简直就像古代圣贤写的“围炉夜话”之类的警句了，“我们的同志在困难的时候，要看到成绩，要看到光明，要提高我们的勇气。”就这一句话，**可以说在我个人的人生历程**

中无数次地鼓舞过我。遇到困难的时候，我想想我老孔还不错，我干过很多好事，我还有这么多粉丝，我出过那么多本书，我有那么多掌声——这时候有点儿阿Q精神。

人在困难的时候，要往光明的地方想，提高我们的勇气。更放大一点，不是个人，是“中国人民正在受难，我们有责任解救他们，我们要努力奋斗。”

这段话的逻辑，颠来倒去，极为复杂，方方面面都讲到了，有困难，要奋斗。“要奋斗就会有牺牲”，又重复一遍“死人的事是经常发生的”，升华生死观，“但是我们想到人民的利益，想到大多数人民的痛苦，我们为人民而死，就是死得其所。”恐怕这句话被利用，马上又补一句，“不过，我们应当尽量地减少那些不必要的牺牲。”鲁迅先生说“革命是要人活，不是要人死的”。

革命的仁义道德是什么？“我们的干部要关心每一个战士”，古代曾经有过爱兵如子的好将军——那些将军也许会被历史学家写上一笔——但是没有上升到一个原则，只是偶然现象，原则上是将军可以随便打骂、杀戮士兵。“干部要关心每一个战士，一切革命队伍的人都要互相关心，互相爱护，互相帮助。”这是上升到了普遍性，对所有的人的原则。

这段话可以说是名句连篇，用一个成语叫咳珠唾玉，每一句话都是经典，都是宝贝。

在这里面，用学术性的话来说，是内含了民族国家的建构，一个国家是怎么建立起来的？不论大国小国都是在想象中完成的。即使一个几百万人口的国家，一个国民不可能见到所有其他的国民，任何一个国家都是靠想象建立起来的。然而想象靠什么编织呢？靠符号。所以一个国家的建立，一定要编织一套伟大的符号，所有的国家都是这么建立起来的。然而中华民国没有完成这个任务，表面上它推翻了清政府，实际上这个国家更加一盘散沙化了，中华民国面临着分裂。

只有创造出一个新的意识形态来，这个国家才会重新统一。但是我们不能回到封建社会的意识形态上，所以毛泽东建立了一个"五湖四海人民观"——我们都是来自五湖四海，有一个共同的革命目标，革命目标是为人民服务。目标高，要做好事就困难，毛泽东在这里重复了又超越了中国古代的困难观。

毛泽东的很多文章都是讲如何对待困难的，我们看马克思没有，列宁没有，孙中山没有，蒋介石没有。为什么说毛泽东是伟大的哲学家？他在许许多多的地方，教育我们中国人民怎么对待困难。我们可以想到很多类似的话，比如说"中国人死都不怕，还怕困难吗？"这种排山倒海的、有气魄的话，毛泽东张口就来。

新中国有一个重要的气质叫"不怕难"——不怕困难。我们想想解放军是这样的，王进喜是这样的，陈永贵是这样的，新中国的一个精神就是不怕困难，抗美援朝不怕，打出高产油井来不怕，大寨精神、"三战狼窝沙"，都是不怕困难。

这里升华的生死观，它来自于古代《魏书·张普惠传》，有一句：

“人生有死，死得其所，夫复何恨。”毛泽东不用再说古代有个什么人，他直接就把“死得其所”这四个字拿出来了——我们为人民而死，就是死得其所。不用解释，谁都听明白了，不管是伟大的牺牲还是普通的牺牲，为人民而死就死得其所。毛泽东在这里提出了一套革命的仁义道德，刷新了儒家伦理。

按理说，起承转合已经是一篇伟大的文章了，但是这是一个追悼会，他还要有一个结尾。毛泽东的这个结尾可以说是余音绕梁又亲切自然，“今后我们的队伍里，不管死了谁，不管是炊事员，是战士，只要他是做过一些有益的工作的，我们都要给他送葬，开追悼会。这要成为一个制度。”他平平常常的话其实是有递进的：送葬，谁都要送葬，但具体送葬的形式是开追悼会，追悼会要成为一个制度。此后几十年，开追悼会就成为一个制度，中国人，不论是农民还是工人、战士、学生、老师、干部，死了，单位都给开追悼会。“这个方法也要介绍到老百姓那里去。村上的人死了，开个追悼会。”读了这话就特别温暖，他说到大家的心坎上了。“村上的人死了，开个追悼会”，这个普通的方法是有重要作用的，干吗呢？“寄托我们的哀思”，人死了总要有所表示，这是儒家慎终的理念。儒家为什么能成为主流？它重视人的生老病死，死了有表示，这一表示就“使整个人民团结起来”。

《为人民服务》的结尾自然顺畅，同时毛泽东移风易俗，提出了一个改变风俗的切实可行的办法。你要说我们都是彻底的唯物主义者，死了就死了吧，死了什么都没有，这是不讲人情的，这不是真正的革命者。真正的革命者要讲人情，人死了不能说就拉倒了，但是大操大办是不对的。搞那些形式主义，吹吹打打，搞得人都没法生活，没法好好工作，或者非要守孝几年，那一套又是形式主义的。

毛泽东这个移风易俗不是强迫的，他是号召宣传，慢慢慢慢地全国各地都开始开追悼会了。

文章最后落于人民团结，这里暗含了中国最大的问题。中国在鸦片战争以后为什么一败再败、国将不国？就是人民不团结。多少仁人志士指出了这个问题，但是这个问题是最难解决的。

毛泽东的这篇文章刷新了儒家的礼乐思想。儒家讲礼乐，礼乐就是制度，但是儒家那些传统制度到今天已经变成形式主义了。

有好几次，我很亲近的人——比如我的同学说，老孔啊，我孩子明年高考，作文一直不好，你能不能指点点儿什么诀窍？我说：普遍地说，作文没有什么诀窍，靠积累，但是你说要临时抱佛脚，我只能给你点儿临时抱佛脚的、邪门歪道的急就章的路子，就是赶快看《为人民服务》，看“老三篇”，这样多少能给孩子提高那么几分。我说这是一个高考作文的宝典，绝对是宝典。

高考作文一般不就是要求写 800 字嘛，《为人民服务》是标准的高考作文篇幅。很多老师教育学生高考作文要写 4 个自然段，是有道理的，但是所有同学都写 4 个自然段，你跟他们一样，不是显不出特点来了吗？所以你也可以写 5 段，写 4 段、写 5 段都可以。

《为人民服务》是优秀的八股文，同时是超越八股文的自由文，我把它叫自由八股。毛泽东有篇著名的文章叫《反对党八股》，他把“党八股”的缺点说得多清楚、多淋漓尽致，说明他太了解八股文了，因为他自己会写八股文。

按照中学作文、高考作文的要求，这篇文章到处都合乎要求。首先中心绝对明确，中心就是人民的利益，为人民服务。人民、人民、人民，一共700多个字，“人民”一词出现了17次，一共是34个字，但你又不感到烦，人民的密度是如此之大，人民的地位从来没有这么高过。

结构上刚才我说了，开门见山，又是首尾呼应，这都是典范，层次非常清晰，有节奏感，朗朗上口，雅俗结合，有文采，不晦涩，打通古今。

韩愈说好文章是“气盛言宜”，你写一篇文章之前得有一口气，没这口气，一个字一个字在那憋，写不出好文章来。有一口气之后就像长江大河一样，那个词滔滔不绝就出来了。

我们看善于演讲的人，不管你喜不喜欢他的演讲，他都能演讲那么长时间！为什么？他有一口气。大家知道世界上最伟大的演说家就是卡斯特罗同志，据说卡斯特罗同志最长的一次讲演长达14个小时。

“气盛言宜”，哪来的这个气魄？为什么毛泽东能高屋建瓴？因为他后边有人民。

样板戏里杨子荣唱的那一句“为人民战恶魔，我志壮力强”，他为什么只身打进威虎山那么有力量呢？因为他觉得“千百万阶级兄弟犹如在身旁”。

因为这篇文章又是演讲风格，所以学生写作文的时候，要想象自己在演讲，别老想象自己被关在一小屋里写文章，那就没劲儿、没气了。

我在网上、微博上有时候写点儿什么东西，老有些人出来捣乱。前两天有个家伙在微博上给我捣乱，说孔老师，你说的“蒙古包中”是不是应该改为“蒙古包里”？他不知道像我这种写文章的人，这种事情肯定在心里早就掂量过了，我不会有任何一个字乱写的，这里是用“中”还是用“里”、是用“内”还是用“外”，在我这儿早都掂量多少次，千锤百炼了，不会随便用的。为什么要用“蒙古包中”呢？因为“蒙古”是仄声，“中”是平声。其实我随随便便在微博上说一句话，都是中规中矩的。

毛泽东这个演讲是可吟诵的，好的文章都是可吟诵的，鲁迅的文章、老舍的文章，读着就有音乐性。所以不论用古代的文章、今天的文章、外国的文章的标准来衡量，咱们打一个总分的话，我还真找不出哪一篇文章比《为人民服务》强。《六国论》也好，《过秦论》也好，《赤壁赋》也好，都是好文章，都是千古传诵的名篇，但是要给文章打分，我觉得它们还真比不过《为人民服务》。

如果说白话文跟文言文不好比的话，咱把文言文去掉，比白话文，宋朝就有白话文了，《宋儒语录》等都是白话文。不论是胡适也好，陈独秀也好，鲁迅也好，后来李敖等人，还有今天孔庆东等人，都觉得自己文章写得不错，拿《为人民服务》比一比，都低下头来。

所以我说：《为人民服务》是千古第一白话文！

我总结一下《为人民服务》这篇文章的经典意义。这么短的一篇文章，它的意义在哪里？中国人从古代社会到现代社会，经历了礼崩乐坏。一个伟大的国家必须建立它的伦理，否则国家一定分裂。而且不仅要建立伦理还要守住它。

《为人民服务》和一些相关文章，刷新了儒墨为代表的传统伦理。儒家和墨家都是讲伦理的，儒家讲以民为本，民贵君轻。在古代这已经讲到最高层次了，不能再往前了，再往前就要革命了，在那个层次上讲到这里就可以了。共产党超越了它，不是站在统治阶级的立场上讲“民贵君轻”，而是人民就是一切。墨家讲“兼爱”“苦行”，但是墨家有点偏激，墨家否定一切个人利益，个人什么都不许有，都得捐出去。我们现在生产力发展水平达不到，让大家一点私利都没有，这是不可能的，大家多少得有点个人利益、个人情感、个人自由空间。毛主席是很注意这个问题的，他讲什么都是两面讲，比如“团结紧张、严肃活泼”，这严肃和活泼能放在一块儿，又有纪律，又有心情舒畅。所以他刷新了儒墨伦理，这是从古代意义上对比。

从现代意义上对比，它涵盖了“三民主义”，国民党有它的三民主义——民族、民权、民生，为人民服务完全把它涵盖住了；同时超越了西方的民主，西方的民主就是民有、民治、民享，我们汉语翻译得非常精炼，为人民服务当然就是民有，当然就是民治，当然就是民享。

所以“为人民服务”这样一个人民至上的人类新伦理，不仅符合中华文明，同时符合整个人类繁衍发展的宗旨。其他国家、其他民族，也是向人民至上这个方向发展，只是采取的形式、手段不一样。

再一点是《为人民服务》阐明了所有的个体与集体的关系。个人与集体是什么关系，公和私是什么关系？毛泽东把它们辩证统一起来：集体是由个体组成的，个体是集体里的个体，不能只强调一面，只强调一面必然两面都倒霉，都不好。

再有，《为人民服务》解决了精英与大众的关系。精英和大众是什么关系？精英是为大众服务的。承认你是精英，你是高级技术工人，你是知识分子，你是教授，让你多挣点钱好了。虽然让你多挣了钱，这是对你劳动价值的认可，但是你要为人民服务。不是说给你钱之后，你就可以高高在上欺负别人了。给了你那么高的工资，你还要接受大家的监督，接受这些不如你的人的监督。这是很了不起的一点，就是由低层次的人来监督高层次的人。

还有一个核心，《为人民服务》指明了革命的目的。革命的目的是什么？是解放人民。革命的目的不是仅仅这一伙革命的人获得好处。很多老同志解放后就想不明白这一点，怎么老子革命了一辈子、半辈子，今天被批判了？这说明一开始他就没整明白革命是为什么，革命不仅是为了他，为了他们哥儿几个，更是为了全体人民。这里面包括他们，人民好他们自然好。

如果超越革命，从更大的范围来看，这篇文章树立了一个新时代的生死观。人都是要死的，怎么死？只为自己那点事，怎么死都憋屈，怎么死都想不开。你说你挣多少钱死、当多大官死？怎么想都不痛快，都不乐意死。但你一想我的死是有意义的，我带来了那么多人的快乐幸福，他们的幸福和我有关系，这个死就是坦然的。

所以这种死法超越了孔孟老庄，老庄已经够潇洒的了，但那个潇洒跟为人民服务的生死观比，就稍显得有点做作，也就是自己想得开而已。而为人民服务的生死观不是一般的想得开，是踏实地确实做了那么多好事的想得开。

总体来看，它是建立了一个革命的仁义道德——人人互爱互助。儒家的爱的观点是一圈一圈扩大出去的，先爱自己再爱亲戚朋友，再爱更广大的人群。我也宣传儒家思想，儒家思想已经很不错了，已经具有可操作性了。但是毛泽东的革命的仁义道德，是随便两个个体之间都要互爱互助。如果你心头有这么一个念头，很多纠纷是不会产生的。所以革命的仁义道德观，是为了建立一个更普世的人类生活的意义。

刚才说的是《为人民服务》的经典意义，《为人民服务》在当今有什么意义呢？

当今，首先要确定谁是人民。“人民”是个政治概念，在社会主义现代化建设的新时期，一切赞成、拥护和参加中国特色社会主义建设事业的阶级、阶层、社会集团成员和爱国者，都属于人民的范畴。

今天党和政府为人民服务，就要为拥护社会主义的爱国者服务，为拥护祖国统一的爱国者服务，为拥护中国特色社会主义建设事业的成员服务。如果有人散布反社会主义、反对祖国统一的言论，他就不是人民，他是敌人。我们要用为人民服务的标准衡量党和政府，衡量习近平主席所讲的“道路自信、制度自信”。为什么我们要道路自信？因为我们是走在为人民服务的道路上，如果错了，就没有自信了；我们的制度是社会主义制度，如果背离社会主义，对不起，那我们就没有自信了。放大范围，我们要用为人民服务的标准衡量干部，衡量学者，衡量那些意见领袖。

最后还要衡量自己，毛主席说的为人民服务，不是法律，不是纪律，是说教，是苦口婆心的劝诫，它的本质没有强制力，所以它是个道德自律的问题。我们首先要做的是自己为人民服务，但是不能强迫别人为人民服务，我们可以号召、动员、劝说别人为人民服务，但是这不能成为一个法律。我们的问题是，要么“人不为己，天诛地灭”，要么拿“为人民服务”专门去衡量别人，这两种现象都要避免。所以我觉得，我们正确地理解以为人民服务为核心的毛泽东著作体系，才能够真正地像习近平所讲的那样，复兴中华文明。

我个人，一方面是对远大的前途充满信心，同时我们要做的是如何面对眼前这些艰难险阻；另一方面我就是个知识分子，可能有点儿站着说话不腰疼，但我可进可退，大不了我不管了，我回家做我的学问去。但是让我发言的时候，那我就多多少少说几句，希望它产生一定的有正能量的影响，就是孔夫子说的“知其不可而为之”。我要讲的《为人民服务》的意义就到这里。

最后我们听一首李娜唱的另一个版本的《为人民服务》，算是我今天讲座的结尾。谢谢大家！

歌曲：《为人民服务》　电视剧《孔繁森》主题曲

作词作曲：张千一

演唱：李娜

为人民服务，是真诚的付出，

为人民服务，是忘我的投入。

为人民服务，是用生命著写的书，

为人民服务，是用心灵开拓的路。

啊……啊……

为人民服务，是用心灵开拓的路。

……　……

为人民服务，

为人民服务，

全心全意为人民服务。

为人民服务，

为人民服务，

全心全意为人民服务。

时间：2014年9月5日

解读鲁迅

——勇猛坚韧的革命战士

中国从鲁迅去世到现在，每一个历史转折时期，几乎都要从鲁迅那里寻找思想资源。在现代文学中，鲁迅是一个绝对的战略高地。研究现代文化及现代中国的人，没有一个能够绕过鲁迅。正因为鲁迅是现代文学的精神代表，所以对鲁迅地位的冲击从来也没有停止过。然而，反对者的攻击却从来都没能动摇过鲁迅的地位。

今天我们对中国社会的种种批判，大部分都是继承鲁迅的思想。正是鲁迅对现实的远见，对历史的贯通，使他在今日具有了更加重要的意义。

一、你未必知道的鲁迅

鲁迅生于 1881 年，浙江绍兴人。本名周樟寿，后来改成周树人，字豫才。发表《狂人日记》时，开始采用“鲁迅”这个笔名。年少时，鲁迅经历了家道中落的过程。13 岁那年，家里发生了重大变故，鲁迅的祖父因参与考场作弊事件被判“斩监候”，相当于今天的死缓。为尽量延迟缓刑，必须花钱打通环节。年复一年，家中濒临破产。身为长子的他，必须撑起家庭重担。由于常出入于当铺和药店，他看透了世态炎凉，所以才有了鲁迅那句著名的话：“有谁从小康人家而坠入困顿的么，我以为在这途路中，大概可以看见世人的真面目。”

在晚清，鲁迅这种出身的青年最大的出路就是科举考试。其实鲁迅几兄弟参加过科举，但成绩不佳。鲁迅后来离开家乡，先后进入江南水师学堂、南京路矿学堂学习。在南京他阅读了许多新书刊，这些报纸和译著改变了鲁迅的思想。他当时很崇拜康有为、梁启超这些人，也接受了进化论的思想。后来鲁迅考取官费留学生，于 1902 年赴日本留学。鲁迅在日本最初学医是为了救国，因为他始终关注的是国民性。据许寿裳回忆，鲁迅认为中国的问题是缺少爱与诚。由此鲁迅开始不认同清政府，在东京留学时，他剪掉了自己的辫子。

在留学期间，发生了一件影响鲁迅一生性格和命运的重要事件，那就是婚姻。他奉母亲之命回国，与一位名叫朱安的旧式女性结婚。鲁迅给朋友写信说，这一次回家是给母亲娶妇，而不是给自己。据有关回忆资料，鲁迅坚持不跟朱安同居，并且在第三天就返回了日本。今天有人攻击鲁迅，认为他对朱安女士始乱终弃。

其实鲁迅这样做，是为朱安和母亲着想，而自己静受痛苦，这也是贯穿他一生的牺牲精神。他曾说：“这是母亲送给我的一件礼物，我只能好好地供养它，爱情是我所不知道的。”古代并没有“爱情”这个词，而鲁迅这一代人恰恰是刚刚接受爱情这个观念。鲁迅的婚姻道路在当时很有代表性，这一代人恰好生于历史的转折点上，时代还不能提供实现新思想和新追求的机会。所以我们评价前人，应该有一个历史的态度，在当时的历史条件下去评价。

鲁迅 1909 年从日本回到中国，暂时在杭州任教。两年之后，辛亥革命风起云涌。鲁迅所在的杭州和绍兴都是革命激烈的地方，革命思想旺盛。鲁迅对任何革命都有深刻的怀疑。绍兴革命后，他对革命党非常不满：表面上是中华民国，但官员还是原来的人，只是换了个招牌而已。由此鲁迅看到了辛亥革命改天换地的背后，新瓶装旧酒的另一面。

稍后鲁迅离开家乡，在教育部里担任一个中层官僚佥事。后来政府由南京迁到北京，鲁迅就跟随到了北京。从此鲁迅在北京度过了十多年的时光。鲁迅的业余时间主要用来做学问，研究中国古代典籍和小说，包括拓片、碑刻，此外还研究佛教，在很多领域都具有了大学问家的水平。但就在这个时候，新文化运动开始了。那时鲁迅已近 40 岁，他本来是一个旁观者，但历史不允许他旁观。在《呐喊·自序》中，鲁迅谈到了钱玄同找他的故事。当时新文化运动虽然造势成功，但是还缺少一样最重要的东西，就是新文学的作品，所以他们找鲁迅约稿。

二、呐喊时期

鲁迅答应了钱玄同，《狂人日记》问世，可谓出手不凡，成为现代文学的一流经典。

《狂人日记》是新文学的第一篇。由此鲁迅一发而不可收，一连写就十几篇小说，结集为《呐喊》。

《呐喊》里的第二篇小说《孔乙己》也是吃人的主题。孔乙己是一个被科举制度吞噬的知识分子，但他的悲剧不完全来自于科举制度的迫害，周围人对孔乙己欺侮、排挤的态度才是吃掉孔乙己最直接的原因。《孔乙己》这篇小说的一个伟大之处就是，通篇没有“可怜”这样的词出现，小说写得不动声色。这主要因为它选了一个非常棒的视角，孔乙己的悲剧是从一个相对淳朴的酒店小伙计的眼来写的。比如由咸亨酒店的老板来写，开篇就是：“那家伙还欠十九个钱呢”，小说的调子马上就不一样了。从这个小伙子的眼中才能看出孔乙己的可怜。这个人活着使别人快活，但是，“没有他，别人也便这么过”。在《孔乙己》里我们看到鲁迅最博大的爱心。

第三篇小说《药》，自然也是一个吃人的故事。如果说《孔乙己》不讲求技巧，那么《药》则是太讲技巧了。《药》这个小说从技法上讲精彩绝伦：题目上“药”的双关，线索上明暗交错，人物丰富多彩，声音多种多样。过去评价《药》，往往认为这是鲁迅对辛亥革命的批判，认为辛亥革命不发动群众等。就具体的历史事件来说，这种批判是有道理的，辛亥革命有它自身的局限性，但就历史的真相而言，往往是先起事再发动群众，甚至革命都失败了，群众还一直没醒过。所以鲁迅的《药》令人震惊的地方正是先觉者与群众的关系。先觉者与群众之间永远存在着一种对立和紧张。先觉者的目的往往是救助群众，可是群众经常要加害先觉者。知道了先觉者与群众永远对立之后，先觉者应该怎么办？鲁迅在《药》里已向读者阐明，革命者始终要救助群众。鲁迅一生都在救助群众，但他不迎合群众，有时还会责骂群众。

鲁迅的这个文学创作时期被称为呐喊时期。此时鲁迅不只是写小说，还写了大量的杂文。杂文本来不算文学，是鲁迅几乎靠他一人的力量把杂文变成一种正式的文体。相比于小说，杂文是更便捷的武器。鲁迅的杂文有两个重要的因素，一个是战斗性，一个是学术性。今天很多人写杂文，都继承了鲁迅杂文的战斗性，但往往忽略了鲁迅杂文的学术性。

正因为鲁迅对事情看得非常全面、辩证，然后单出一剑，所以战斗性特别强。多年的积累和准备，在他这时的杂文中喷薄而出，既能抓住主要问题，又能深入剖析，旁征博引，继而出之以非常精炼的语言。

鲁迅早期的杂文，比如《我之节烈观》是达到最高水平的。就拿节烈来说，这两个字原本是好字，人应当有节操，应该讲忠烈精神。但是随着社会逐渐发展，问题开始显现，这两个字开始专用在妇女身上，每一桩节烈事件都有妇女的血和泪。在鲁迅看来，节烈这个概念是男性制造出来的，男性希望女性做节妇、烈妇，自己却置身事外。《我之节烈观》是吃人主题在杂文里的表现。鲁迅反对的是吃人的节烈，是只针对弱势群体的节烈。

鲁迅在这一时期的代表作是《阿Q正传》。鲁迅主要把阿Q当成一个中国人来写，是中国绍兴地区的农民形象，他不仅是中国国民性的代表，还凝聚了人类的某些普遍的精神特征。阿Q的精神存在许多侧面，比如欺软怕硬，恃强凌弱，再有就是健忘，特别是选择性健忘，对于自己遭受的屈辱迅速地忘记。鲁迅对于健忘这件事是非常痛恨的，群众的愚昧就在于健忘，不能够从历史中总结教训。与此相关的就是阿Q的精神胜利法，在幻想中把屈辱和失败都当成光荣，小说里叫“优胜记略”。

这个精神胜利带有鲜明的时代特征。中国鸦片战争后的80年，基本上是一部屈辱史。朝野上下，从朝廷到百姓是如何度过这80年的？在很大程度上就是靠阿Q精神。鲁迅把阿Q写得令人生厌，还写出阿Q非常可怜的一面，阿Q之所以成为阿Q，不就是为了可怜地活下去吗？所以阿Q这样的人有革命愿望，他说造反有趣。

正如马克思所论述的，阿Q这样的人什么都不会失去，失去的只有锁链，他应当是革命的力量。但是，鲁迅又提出一个问题，那就是阿Q革了命之后怎么办。鲁迅在20世纪20年代就感慨过，当时好像不曾发生过辛亥革命一样。那么在今天的21世纪，同样遇到这一问题，中国革过命吗？这看似都是文学的问题，但也远远超出了文学的范围。所以很多学者都有这样的共识，认为《阿

Q 正传》可能是现代文学最了不起的作品。

三、彷徨时期

鲁迅写过《阿 Q 正传》之后，轰轰烈烈的五四新文化运动进入落潮阶段。新文化运动虽然有一定影响，但是他们的话语传播范围并没有多么广。而 1921 年这一年却对新文化阵营产生了重要影响。鲁迅可能不知道 1921 年 7 月成立了共产党，但他应该察觉到了陈独秀和胡适跟以前有所不同，这就是新文化阵营的分化。鲁迅 1921 年以后既没有加入共产党，也没有投奔国民党，而是继续从事文化工作。用鲁迅自己的诗句来形容，是“两间余一卒，荷戟独彷徨”，鲁迅就由呐喊时期进入了彷徨时期。

在彷徨时期，鲁迅仍然坚持他呐喊时期的那些斗争，但鲁迅的生活也出现了严重的不顺利之事，即他和周作人的“兄弟失和”事件。兄弟失和后，鲁迅显得更加沉闷，加重了彷徨的色彩。鲁迅笔下《孤独者》的主人公魏连殳尤其应当重视。他曾经是社会改革的战士，却处处碰钉子，受人嘲笑。后来因为穷困被迫改变了自己的生活态度，用小说中的话说，“我已经躬行我先前所憎恶，所反对的一切，拒斥我先前所崇仰，所主张的一切了。”比如以前最憎恶溜须拍马，现在就巴结逢迎；以前对孩子很好，可孩子反而拿着芦叶喊杀，现在他拿糖逗孩子，或是骂他们，小孩反而对他很恭顺了。魏连殳在现实生活中得到了成功，内心却承受巨大痛苦，最终在这样的境况下死去了。魏连殳身上有很多鲁迅的影子，比如小说开头，祖母去世，他回到家乡去奔丧。按照风俗，老人去世，子孙一定要大哭才叫孝子。在大家等着看他哭时，他没有哭，这是违背封建礼教的，可到了大家都要走散的时候，他却突然哭起来了，像一匹受伤的狼在深夜嚎叫，叫声里夹杂着惨伤和愤怒。这正是一个孤独的战士的形象。魏连殳很能代表鲁迅在彷徨时期的心理。

另一篇小说《在酒楼上》，主人公是吕纬甫，也非常重要。魏连殳和吕纬甫这两个人，都可以看成是鲁迅的某种写照。北京的生活阴沉、灰暗，但是他并没有停止文化战斗。他经历了很多政治事件，如“三一八”惨案。五四运动是北大学生完胜，而几年之后，到了“三一八”则是学生完败。不但学生当场喋血在政府门前，死伤众多，媒体还要污蔑他们是暴徒。因此鲁迅曾说这是民国以来最黑暗的一天。鲁迅最恨的既不是政府，也不是侵略者，因为在鲁迅看来那就是明摆着的坏人，无须过分揭露。他最恨的是披着学者外衣的阴险人物。

1926 年前后，南方已经有了革命政府，北京的政府则越来越保守，文化界特别是教育界也越来越保守，不适合像鲁迅这样的人继续做学问。还有一个个人的原因，就是一个叫许广平的女学生出现在鲁迅的生活中。鲁迅和许广平的事情在当时受到不少非议，因此鲁迅选择南行，经上海到达厦门，在厦门大学做了一段时间的教授。后来鲁迅离开厦门，前往作为革命大本营的广州。在广州他看见了革命，同时也看到了革命的缺点和混乱。

彷徨时期，鲁迅在思想上进一步成熟，对于年轻时的进化论有所反省。年轻时，他认为，新的胜过旧的，年轻的胜过年老的，这是他对未来的希望。所以他一辈子对青年都很好。其实很多青年人就是利用他这一点，鲁迅明察秋毫，不是不知道。鲁迅说，我在生命的路上把我的血一滴一滴地滴过去，你喝了我的血，走掉就罢了，我也不求你感谢，你不要再来打我、杀我。在坚持人道主义立场的同时，他开始对青年有所分别，对其中一部分人也予以反击。后来他又离开广州，回到上海，晚年就在上海定居。

在上海期间，鲁迅的生命力和创造力再一次迸发出来。他后期写作以杂文为主，杂文在他手上发展成为一种独特的现代文体。鲁迅 30 年代的杂文已经是炉火纯青，无体不备。鲁迅后期的杂文千姿百态，好像武林高手武功臻于化境之时，飞花摘叶皆可伤人。鲁迅到了“左联”之后，受了两面的夹板气。他跟“左联”是朋友，“左联”希望利用鲁迅这面大旗，所以鲁迅经常感到暗中有一股力量在左右着他。

晚年的鲁迅是一个“横站”的姿态，他既要防明枪，还要防暗箭。他要为奴隶的解放而奋斗，但逐渐发现奴隶们中间有“奴隶总管”。鲁迅说不管自己做得多么好，后面总有一个“奴隶总管”拿着鞭子打我，而当我回过头去问他哪里做得不好时，他却又笑嘻嘻地说没事。这是鲁迅最大的困惑。革命阵营内部给他带来的痛苦是无处发泄的。

在小说创作方面，他没有再写《呐喊》《彷徨》那样的小说，而是出版了一个历史小说集《故事新编》。《故事新编》的手法很独特，类似我们今天所说的恶搞、戏仿。用现代的语言去写历史人物，看上去似乎是油滑，但深刻的艺术就是能够从那个题材中跳脱出来，展现出思想深度。正是通过这种貌似油滑的手段，《故事新编》深刻地反映了历史的本质。

长期的写作，特别是晚年频繁的文化战斗，对鲁迅的健康造成了很大的影响。**鲁迅对于生、死的态度，一个是拼命做，一个是随便死。他不追求生命的长度，他讲究生命的质量和密度。**正是他的这种生命态度，使得他的晚年消耗很大，有了病也不及时医治。鲁迅曾写过《死火》，表达出他的生死观。他说，人生有两个结局，一个是冻灭，一个是烧完。鲁迅选择烧完，因为冻灭意味着能量还没有消耗殆尽，生命就已经结束了，而选择烧完，是要把自己的能量全部奉献出来之后走向死亡。鲁迅选择这种战士的死亡。

1936 年 10 月 19 日鲁迅在上海去世，享年 55 周岁。鲁迅之死，引起了全世界的震动和悲痛。他的棺木上盖着一面旗帜，写着“民族魂”。鲁迅去世之后得到的评价不计其数，其中毛泽东的评价影响最大。他说鲁迅的骨头是最硬的，没有丝毫的奴颜和媚骨。毛泽东看问题善于抓住要害，他说这是殖民地半殖民地人民最可宝贵的性格。在这个意义上毛泽东指出，鲁迅不但是伟大的文学家，而且是伟大的思想家和伟大的革命家，鲁迅的方向就是中华民族新文化的方向。

鲁迅说他写的东西都是与黑暗战斗的，他希望随着黑暗时代的过去，批判黑暗的东西也一起消逝。

四、鲁迅的精神

鲁迅的生平和创作是一个非常复杂的系统，如果想从中提炼出鲁迅的思想框架来，恐怕不得不做一点简单化的处理。

鲁迅思想第一个宝贵的方面是怀疑精神。《野草》里有一句话叫“于一切眼中看见无所有”，用佛家的话叫“色即是空”。这世界上现存一切的知识、思想、概念都是可疑的，都需要进行反复思考。在传统文化的惰性之下，人们总是认为过去是有价值的，现在和未来没有价值。鲁迅认为这是一种衰老的心态，一切价值都要重新估量。鲁迅在《狂人日记》里讲过：“从来如此，便对吗？”我们应当敢于质疑那些“从来如此”的东西。

第二个是鲁迅的现实精神。他的现实精神是跟反对黄金世界联系在一起的。五四时期很多思想家提出了许多美好未来的奋斗目标，而鲁迅在《野草》里说：“有我所不乐意的在天堂里，我不愿去；有我所不乐意的在地狱里，我不愿去；有我所不乐意的在你们将来的黄金世界里，我不愿去。”鲁迅并不否认那个黄金世界，但鲁迅执着于现在，反对空想，他不重视彼岸，而重视从此岸到彼岸的路。他并不怀疑将来会比现在好，但反对把将来绝对化，鲁迅的态度是打破欺骗，直面人生。这就是他的现实精神。

第三个是鲁迅的绝望精神。鲁迅笔下的“绝望”，是积极的，而非消极的，体现着“置之死地而后生”的战斗精神。当人们都耽于虚幻的希望时，鲁迅呼吁要正视绝望，绝望之后则要继续战斗，即“反抗绝望”。鲁迅是最坚强的革命战士，恰恰因为他对革命不抱幻想。他支持革命是因为革命是正义的，是解放多数弱势群体的。他的一生看似忽左忽右，其实从来都没有变过，他是一个坚定不移地为最广大劳动人民谋福利的人。

中国的精英要站直

——读摩罗《中国站起来》

2010 年新年伊始，书市上出现了两本令人眸子一亮的好书，一本是韩毓海的《五百年来谁著史》（九州出版社），另一本就是摩罗的《中国站起来》（长江文艺出版社）。俺用火眼金睛一看，就知道这两本书是有逻辑关系的。《五百年来谁著史》是上篇，它戳穿了很多精英对中国古代史的妖魔化描述。中国人千百年间，一直按照正常的方式、正常的逻辑过日子，忽然来了一伙强盗把我们抢了，还把我们家说得一无是处。韩毓海揭穿了这个历史谎言，告诉大家真实的历史不是那样的。摩罗接着说了下一句：强盗这样做是不对的，我们不要上当，我们要站起来。这两本书都是针对当下中国的许多困惑而写的，把这两本书合起来看，就能够明白 2008 年、2009 年的中国，并且能够知道 2010 年、2020 年的中国。

《中国站起来》书名很动感

《中国站起来》这个书名我很喜欢，这个书名特别有形象感，不是理论化的书名，比如“中国人的精神主体建构”之类，那会很拗口。我就喜欢很有直觉的这种名字，站起来，充满动感。我一下就想到毛泽东60年前说的那个话了，所以我在这本书的封底推荐语中就写道：毛泽东所说的“中国人民站起来了”，其实是中华民族精神主体的宣言。不是说一个一个人全站起来了，离这一天还很远。毛主席为什么说“夺取全国政权只是万里长征走完了第一步”？我们需要沿着这条路一步一步继续往前走，不能说1949年建立了新中国，什么都万事大吉了，那只是更伟大征程的开始，60年只是这征程中的一小段。

1949年以前中国人是什么姿态呢？我们现在把地球不是想象成一个村吗，按理说一个村里的老乡们应该是自由地保持各种姿势，这才是一个理想社会。你爱站着站着，爱躺着躺着，爱坐着坐着。可有些人不这么想，有些人在别人坐着或者是躺着的时候他来抢你，他家里没有什么东西，没有沙发，也没有椅子。

中国因为古代过得比较好，家里早早就开始进入腐败阶段，沙发、椅子一大堆，所以中国人很久就不站着了。开始是坐着，后来嫌坐着还不够舒服，就倒着。我们东北谚语说，“舒服不如倒着，好吃不如饺子”，最舒服的就是倒着吃饺子。中国的晚近社会是全社会都倒着，倒着还不行，倒着吃饺子还不行，还倒着抽大烟。林则徐为什么恨鸦片？挺大一个男人，不管20岁30岁，躺在床上吸鸦片，他就从这个姿势中看出，这个民族要出大事。你倒着，别人并没有倒着，如果地球村别的村民也倒着，那也是一种和平友善，可人家没有倒着，正拿着刀看着你呢。

因为倒着的时间太长了，被人家拎起来打，打趴下又拎起来，反复打。中国人确实该批评，但是为什么不能把中国贬得特别低？这么一个民族，居然没有被打亡，有一帮人领着大伙儿站起来，不屈不挠地站起来，死了好多人，流了很多血，奋斗了100多年——站起来了。这个过程我们必须清楚，不是说咱们骨子里就没有出息，骨子里就是给人下跪的，不是那样的，是被打的，被强迫的。

为什么我们要检讨被人打的历史？**我们必须明白打人不对的简单道理，不能认为打赢者就是高贵的，挨打者就天生下贱，天下的道理不能这么说。**

中国的精英不敢站得太直

20世纪80年代的时候，我们出版了一些文化丛书，那些书都不是“中国系”，而是“走向系”——“走向未来丛书”“走向世界丛书”，都是没有主语的。一个含含胡胡的、模模糊糊的、非常可疑的主体，要走向世界，走向未来。那个世界和未来究竟是哪儿呢？那个世界和未来显然不是索马里，不是坦桑尼亚。这话很奇怪，难道我们就不是世界的一部分吗？难道我们是在世界之外吗？经过这么多年的摸索与思考，现在我们终于明白了，现在我们终于说出了一个主语，“中国”。

为什么有些人没读过《中国站起来》就破口大骂？因为他们一看“中国”两个字就生气，他们不习惯“中国”这俩字成为主语，一下子被吓着了。其实当年闻一多已经说了，有一个词说出来那就是惊心动魄，天塌地陷，爆一声“咱们的中国！”

鲁迅、闻一多他们那一代人，比我们承受了更多的痛苦。我们今天稍微能够直着腰杆说话了，因为前人给我们打下了好多基础。

我们今天有些人也不是完全趴着跪着的，而是半站不站的，似乎站着，但是站得不直。用我们东北话说，是“佝偻”着。我希望中国人能够站直了说话。

这些人为什么一边想站着，一边又不敢站得太直，不敢站得像姚明那样顶天立地呢？他们说像姚明那样站直了，就是民族主义。其实世界上最有民族主义精神的是美国人，没有一个美国人不带着民族主义的，连我的某些加入了美国国籍的老同学都自豪地宣称热爱美国，这本来是正常的，没什么不对，但是他却不允许别人有民族主义。用《茶馆》里王掌柜的话说，他们都活得有滋有味的，凭什么单不许我吃窝窝头啊？

《中国站起来》好就好在有针对性，摩罗针对中国精英的软骨病，大喊一声“中国站起来”，这好像一个军官对一个精神涣散的士兵拍了一巴掌，让他首先站直了再操练，这一巴掌不会白拍的。

古人说“差之毫厘，失之千里”，开始那个毫厘是怎么差的呢？

这个毫厘就是在脑子里差出来的，是“一念之差”。为什么会认为自己不如人家呢？是被人忽悠的。过去我们可能不太了解外面的情况，这是我们的不对，正因为你不了解外面的情况，外面人就忽悠你。他其实很小的一点资本，但他装成一个大公司，他说比你强，就把你吓住，结果就不断地压低你的条件，一点一点它由劣势转为优势，等我们看明白这个现实的时候，晚了。我们看看 1840 年，几千个破人，几千只破枪就把我们打败了，所以我们要在精神状态上站直了来跟洋人相处，不要再一次被他们忽悠。

《中国站起来》对鲁迅的批评未必准确

我喜欢《中国站起来》，但是并不同意书中所有的观点。《中国站起来》对五四运动进行了一些清理工作，对鲁迅也提出了尖锐的批评。我觉得在这方面《中国站起来》恐怕有偏颇之嫌，理解鲁迅可能需要一个更加广阔的视角。

五四时期有左翼，有右翼，还有“无党派人士”，还有逍遥派。鲁迅作为个体，在五四的群体当中是非常独特的存在。鲁迅的精神活动不始于五四，从晚清就开始了。据我对鲁迅的研究，鲁迅主要的思想框架，在他没有取“鲁迅”这个笔名之前就已经构建好了。留学日本的时候，他还没有成名，世人不知道他，那是他思想最自由的时候，那个时候他已经比别人思考得远远超前。大家都谈民主的时候，他说民主不一定是个好东西，大家都谈宪政的时候，他说宪政不一定是个好东西。他不是完全否定民主否定宪政，他是说这个东西现在中国需要，但这不是解决问题的根本，你们拿这个说事一定会产生更大的弊端，你们现在打倒暴君说是要搞民主，你那个民主其实是一万个暴君，还不如原来的一个暴君。

鲁迅从五四到20世纪30年代，就好像是一个武功高手下山，遇鬼杀鬼，遇魔杀魔。鲁迅是见左反左，见右反右，他是这样一个超越各宗各派的思想家。

五四的时候他和胡适、陈独秀是一拨的，30年代鲁迅就变成一个非常孤独的侠客。他同情共产党，他也埋怨共产党的文化领导对他要求得太严。他又看不上国民党那些人，因为那些人就是阿Q。鲁迅一方面坚韧地批判中国人，另一方面又坚持中国人的本土立场。为什么阿Q是不朽的典型呢，阿Q就是没骨头。鲁迅批判阿Q的时候，在文中也塑造了一个假洋鬼子，假洋鬼子也骂阿Q"奴隶"，假洋鬼子批判中国人的结论是，中国人活该如此，因为根性恶劣么。鲁迅不是，鲁迅写到最后，对阿Q有无限的同情。就像摩罗讲的，摩罗说自己是阿Q的儿子。鲁迅多么希望阿Q获得主体意识，多么希望阿Q有一天知道这个世界是我的，我凭什么要跟着你姓赵啊？

鲁迅始终是一个巨大的矛盾体。正因为鲁迅是一个大矛盾体，我们后世这些学者有时候就会误解鲁迅，或者是从鲁迅的思想中拿下一小片来用。能够相对完整均衡地理解鲁迅，那是一件非常困难的事。其实鲁迅心中也有一句话，那就是中国人站起来。为什么他取名"周树人"？周氏兄弟三人的名字都围绕一个意思：

立人。正像摩罗说的，鲁迅最大的愿望就是中国站起来，中国人站起来。

中国站起来之后干什么？

我觉得中国在物质上，在器物层面站起来，这是非常容易的事情。在国际社会的竞争之中，中国只要不走圣贤之道，别的道都是好走的。学坏非常容易，不管外国是不是那么坏，咱们学术界有人认为市场经济就是物欲横流，不顾别人的利害安危，就顾自己盲目发展GDP。可能人家外国不是这样的，但我们很多人是这么理解的，所以我们就把这个当成衡量干部政绩的一个指标，疯狂追求GDP。我们成功了，这些年GDP增长果然很快，让外国人也惊讶不已。

但是我们为什么不想办法做一点难事呢？哪怕你每年只增长一两个百分点，但是这些是踏踏实实的，堂堂正正的，我觉得这个才是正路。

日本当年是中国这个天朝大国的模仿者，它一开始也看不起西方的海盗之国。但是后来一看，洋鬼子把中国打倒了，它赶紧跟坏人学，脱亚入欧，几十年它就崛起为强国了。富强起来干吗呢？他干更大的坏事，他就照人家西方强盗学，西方人怎么欺负东方人的，他以同样的方式欺负你，还打着一个解放你的旗号。

日本人逞强一时，失败了，中国人民浴血抗战，加上西方人的两颗原子弹，日本被打趴下了。趴下了之后几十年，他又成了经济上的强国，可是这个国家始终没有“站起来”。2007 年我在日本住了一年，我发现这个国家什么都好，哪儿都好，但是这个国家的人民就是没有主心骨，就是没有精神头。

中国也有很多缺点，但是你看中国的老头老太太早上起来扭秧歌，打太极拳，他们活得很有劲头，没事唱唱歌，跳跳舞，人就应该这么活。

日本老人每天牵个小狗逛一逛，那有什么意思？他们的国家没有解决精神上的问题，精神上依然趴着。就像摩罗在书中说的，仅仅在经济上富起来，而没有精气神儿，那只是一堆赘肉，没有骨架，因而不是一只能够站起来的雄狮。保不准哪一天，这一堆赘肉就要被人当作公共食堂，一下子啃个精光。所以，“站起来”是一个非常有力的意象，它提出了一个很现实的问题。

咱们中国富强起来——也就是站起来之后干吗？我们不能走帝国主义的道路。咱们如果声音大了，说话有人听了，还是要推广大同之道，要一代一代不懈地推广咱们古传的大同之道，要建立世界上国家与国家的新型关系，应该是一种自然的、友好的关系，不是互相掠夺，互相欺骗的关系。我们不像西方人那样搞殖民掠夺，而应该帮助大家一道致富。

我们要向老天爷挑战，问一下老天爷，按照大同理想去生活，行不行？这么过真的不行吗？难道人与人、国与国，非得是彼此奴役不可吗？我不知道我的想法能不能成功。

他们凭什么是大师

——解读鲁迅、老舍、金庸的人文精神

人文素养，这是个非常好的概念。20 世纪 90 年代中期，有一场关于人文精神是否失落的讨论，我们认识到了要增加“人文”，但是怎么增加呢？鲁迅、老舍、金庸他们都是有人文素养、人文精神的人，那么他们的人文素养是由什么构成的？是建立在什么基础上的？他们为什么就可以成为大师呢？

热爱吃喝拉撒睡

第一个重要的东西我觉得就是“热爱生活”。这是我在研究、阅读许多大师后得出的一个结论。

“热爱生活”就是要落实到生活的每一个细节中，对吃喝拉撒睡都要感兴趣，你才能热爱得起来。我热爱生活，就是喜欢吃饭，喜欢睡觉，喜欢玩。我上中学的时候，我妹妹很挑食，她看见我

吃饭很奇怪，就问："哥，你怎么这么喜欢吃饭？馒头也吃，米饭也吃，你怎么这么爱吃饭啊？"我说，吃饭是一件很快乐的事情，你想，这个饭啊它也是生命，原来不是动物就是植物，它本来是长在那里的一棵翠绿的东西，或者一个活蹦乱跳的东西，结果我去把它杀害了，烹熟了，呼噜呼噜把它吃下去变成了我的一部分，也就是我的生命占有了它的生命！我如何不乐呢？生命的基本快乐就在于占有别人的生命，它是人类的本能！

我在北大开的鲁迅课，重点不是讲鲁迅有多么伟大，我对学生讲鲁迅为什么会成为一个伟大的人，他的"骨头是最硬的"的品格是怎么来的。鲁迅是一个很会生活、生活得好的人。在20世纪20年代的时候，鲁迅的月薪是300块大洋，而当时北京普通市民的生活标准是两块大洋，他是生活在当时社会消费能力最强的层面上的人，有丰富的生活情趣和内容。

老舍在生活中也有许多的爱好，如爱养花，爱小动物等，还有他在作品中表达的对旗人生活的深深的眷恋。

金庸从小就行侠仗义，爱管闲事，对生活充满乐趣，是香港著名的"玩家"。他在中学时就因为打抱不平两次被开除，还学过芭蕾舞，所以看金庸小说里的武打，没有血腥气，那简直就是跳舞，是一种美的享受！

这些文学大师，他们的成就，他们的素养，首先是建立在热爱生活这一点上的，遇到再大的困难都不会动摇。如鲁迅，他的人生多次失望，经历过小时候的家道中落、对革命的失望、自己的婚姻悲剧、兄弟失和的重大打击、文化启蒙的落空，特别是在五四运动落潮的时候，他的整个人都绝望了，这是他人生的最低点，所以这个时候他写了《彷徨》和《野草》。**但正是他对人生的热爱，才使他最后确立了终身的人生策略，就是首先对人生绝望，然后在黑暗中找出幸福和快乐来，以绝望为起点走向光明！**

现在的青少年生活得特别好，但这是表面的，骨子里他们不热爱生活，不热爱东西，不热爱人，也不热爱饭，不热爱书，文字也不热爱，这就是他们生活空虚的一个最基本的根源！

博览群书会让你成为一个灵魂博大的人

我们现在的教育体制是从西方移植过来的，是一种分科式教育。这种模式是把人当成一个工具来培养，好处是效率高，但是它忽略了人的灵魂问题。我们怎么来弥补这个缺陷？读书，博览群书！鲁迅和他的兄弟周作人都多次讲过，要“乱读书”，特别要读一些常识类的书。

书这么多，怎么博览？从经典开始读起。在所有的书中，书是有家族的，书和书之间是不平等的。今天摆在书店和书摊上的，大多数不是书，只是印刷品，能够称之为书的东西主要是指经典著作。什么是“经典”？就是头大尾小的书。那些“头大”的是书的爷爷。把“爷爷”读了，后面的那些“孙子书”就不用读了。

经典还有一个特点是跨学科。每个学科有自己的基本读物、基础教材，但是经典是不论专业的，像《论语》《老子》是什么学科的？我们今天把古人放在一个小框框里，称他是什么什么家，其实什么家也概括不了他，他就是一个大写的“人”！

古代的人都是打通型的人才，因为他不用一科一科地去学习。科举教育，经年累月，学的就是经典，像四书五经。就是这样一套教育和用人机制，使我们国家伟大了两千多年，这就是经典的威力！我们不能否定今天的专科教育，但是不要因此就放弃了经典教育，放弃了成为大写的人的教育！要使学生除了成为打工者之外，还要成为一个灵魂博大的人！

要有悲天悯人的情怀

最后你用什么样的情怀来看待社会，看待他人，这个很重要。世界上有很多很有知识、很有欲望，也热爱生活、博览群书的人，但他们不见得是好人。举个例子，希特勒政府是古今中外最有文化的政府，纳粹政府很多要员都是精英，是科学家，但是为什么没有人愿意接受它呢？因为它缺少一份悲天悯人的情怀。他们觉得自己是优秀的人，不如他们优秀的人就该死！法西斯就是这么产生的。

鲁迅也好，老舍也好，金庸也好，他们都没有因为自己的优秀而蔑视不如自己的人。我们来看看鲁迅怎样对待阿Q。对阿Q表面是在调侃，背后却有着很大的同情。当阿Q被枪毙的时候，阿Q看到周围是一片“狼的眼睛”，周围没有一个人同情他！在阿Q看来，这个世界是很冰冷的。所以鲁迅对他是“哀其不幸，怒其不争”，而且为自己无法解决这些人的问题而感到愧疚！鲁迅对敌手也只是表示轻蔑，从来不在生活中轻易地伤害别人。有人以鲁迅临终前的一句话“我一个也不宽恕”来攻击他，其实这只是他不能释怀人家对他的祸害。在实际生活中，都是人家在祸害他，在他所生活的那个时代，他在精神领域其实是一个弱者。

老舍更是这样，他写的是中国的老市民落后的、愚昧的一面，但是他对所描写的生活充满了感情，那些充满了缺点的人物都很可爱。祥子，这个愚昧的农村青年是可爱的，《四世同堂》里的祁老太是可爱的，《正红旗下》那些走向绝望道路的旗人们是可爱的。《猫城记》里用猫城象征中国最后毁灭了，他是怕中国这样灭亡，从中可以看到他深深的爱。

金庸的小说之所以超越于其他武侠小说，因为他是以出世的态度来写入世。最能代表这点的就是《天龙八部》。在作者看来，所有的人都是可怜的，整个世界都是一个让你想去抚摸的世界。萧峰这样顶天立地的英雄，那样气壮山河地死去，是一个不幸的人；段誉这样一个风流才子，也是一个不幸的人，他爱上的每一个女子，都是自己的妹妹……每个人都不能顺利地达到自己的目标，最后剩下的只有超越性的悲！

今天，在我们中国，不要说青少年，大多数人都缺乏悲天悯人的情怀！所以，我觉得人文首先是精神，更重要的是在课堂外，把整个人生、整个生活当作一个大课堂，这样我们才能真正地谈得上提高自己的人文素质！

乱世谁人不张狂？

这本书叫《乱世》也好，叫《乱世里的枭雄》也好，都显得那么张狂。张牙舞爪的张，狂轰滥炸的狂。

读上个开头你就会明白，这并非是作者张狂，或者出版社张狂，而是书里的人张狂，书里的事情张狂。“中华大学历史系残唐五代宋初级枭雄班”开同学会，能不张狂吗？

但是据孔和尚看来，更深层的原因不在书里，真正的原因是读者张狂，你张狂，我张狂，我们这个“东海滔凶浪，北风摧劲枝”的时代张狂。

张狂本身不一定是好事，也不一定是坏事，关键要看谁对谁张狂。王羲之对笔墨张狂，贝多芬对钢琴张狂，心上人对小宝贝张狂，球迷对球员张狂，都是正常的张、正常的狂。而城管对小贩张狂，记者对明星张狂，汉奸对祖国张狂，三座大山对劳动人民张狂，乱世之象也。

中国似乎乱世很多，乱世英雄起四方，而英雄是要由衰人来垫底的。根据若干历史学家的见解，中国之衰，始于中唐。中唐非唐朝之中，乃一部中国历史之中也。推而论之，唐朝灭亡了，中国也就进入更年期了。那么是谁把中国推进更年期的呢？就是那位“满城尽带黄金甲”的黄巢黄四郎也。

我们的历史学家也好，历史小说作家也罢，对黄巢大哥，都是想下笔又不敢下笔。于是成就了这位名叫“小马连环”的作者，他撇开了传统历史小说那种“天马行空”的高端视角，由“天马”改为“小马”，由“背负青天朝下看”改为“连环进击四面看”。他从黄巢同学进京考公务员开始，打通古今，步步为营。书中随处用今人的时髦语，来写古代的时髦语，但是又没有陷于浅薄的戏说。厚重的气势，严肃的心态，都稳稳地隐藏在刀光剑影之中。黄巢、朱温、李克用，一个个或威武雄壮，或猫三狗四的大花脸、小花脸、三花脸，就都一个个连环登场，舞刀弄棒，轮番张狂了。

以今喻古、穿越古今的历史描写法，自从鲁迅先生开创、孔庆东先生助威之后，到21世纪已经几乎成为主流叙事语法，但也因此有些泛滥，显得轻浮白相。

本书能够凌驾于诸多庸手之上，不仅在于材料嚼得熟、啃得透，更在于有一副悲天悯人的“乱世情怀”，能够从看似调侃的没心没肺中，透露出对人性底层和底层人性的叹惋与伤感，写乱世胸怀治世，写枭雄不忘小民，而这正是新生代写家所普遍缺乏的。小说的最后一句：“朕要逆天救唐！”真是激动人心，它让我们自问：

大唐还有救吗？要救，怎么个救法呀？

读读这样的乱世，感叹感叹我们这个伟大光明的盛世吧。起码让那些心不在焉的游子浪子张狂们，一颗子弹般飞舞的心，都归来吧。噫，微斯人，谁与张狂？

垂范文章自伯群

去年跟一位师兄几次闲谈，觉得还是老一辈学者功力深厚，眼界阔大。我们在20世纪八九十年代之交的浮躁氛围里，曾经有意无意忽略了我们老师一辈乃至师爷师祖一辈的学问。我们那时目迷五色，心醉于各路文学哲学美学丑学的理论邪教，热眼向洋看世界，冷风吹雨藐神州。今天回头看来，其实都属于“雕虫小道”，末流技艺。不过这也似乎不必忏悔，辩证法总要有一个历史的展开。十八般武艺练来练去，终于明白什么叫“内力雄浑”，什么叫“花拳绣腿”，什么叫“走火入魔”。于是才有了今天的子在川上曰：还是老头子们厉害啊。

这看似调侃的一句，却是我翻阅范伯群先生的插图本《中国近现代通俗文学史》时脱口而出的真话。**年纪大而能够垂范于今者，必是经历了多少风雨，冲破了多少围剿，看透了多少迷雾的高人。**他们年轻时也可能鲁莽过，花拳绣腿过，同辈中不能醒悟的大都湮没了。只有那些“挑尽滑车”的英雄，才能跃上新的峻岭。

范伯群先生这部插图本，也可谓每页都见真功夫，十年辛苦不寻常啊。

近些年来，插图本的学术著作开始流行。杨义、钱理群、陈平原等先生都有精美之作问世，引领了一股清新之风。但流行之下，滥竽渐增。某些“插图本”彼此翻印借用，既不亲自搜罗，更不严谨查对，甚至有把鲁迅胡适蔡元培李大钊的照片都给搞错的。现在很多“插图本”，或拼凑他人旧作，插进若干网络上下载的图片；或堆砌一叠图片，逐个进行“看图说话”。你既不能说他抄袭，也不能说他伪造，这就是我们喜洋洋号称的“读图时代”。读图本身没错，它也是一种复杂而有效的信息传播途径。但如果将一切都弄成“动漫”来读，那学术也就连皮带毛都不存在了。

然而就在这样的学术艰难境况中，范伯群先生经年累月遍访各地图书馆去搜图觅图(见该书后记《觅照记》)，钩沉索隐，精心结撰出这部600页的皇皇巨著。近年来每次见面，范先生都兴致勃勃地谈他的“按图索骥”大业，我听了是又羡慕又惭愧。书中精选的300多幅照片是范先生前后积25年之功所得，许多是我这个也研究现代通俗文学的晚辈从来没有见过的，比如电影《秋海棠》的剧照、朱贞木《七杀碑》初版的书影、袁世凯的二公子袁寒云的书法润格等。

我当年研究现代通俗文学，是尊范伯群先生为“场外博导”的，十多年过去了，我发现我跟范先生之间的差距并未缩小多少。这除了我自己的懒惰愚拙之外，主要是范伯群先生一直在勇猛精进。别看他自称“老汉”，说话永远客客气气，一副与世无争的样子，其实跟严家炎钱理群这些师父们一样，都属于越是退休，越要把学问做到自由逍遥、冠绝群芳的境界的。**我真怕他们跟张三丰那般，到了一百岁还要发明个太极拳什么的，让我们这些晚辈无地自容。**

图片的珍贵精彩之外，文字也是范先生多年研究的集大成者。从《礼拜六的蝴蝶梦》，到《中国近现代通俗作家评传丛书》，到《中国近现代通俗文学史》，到带领我合写的《通俗文学十五讲》和《20世纪中国通俗文学史》，可以说范伯群先生至此，打完了他的一整套“太祖长拳”，写出了一部关于中国近现代通俗文学的权威之作。书中提供了不少新发现的资料，提出了许多新的观点。宏大的格局、严谨的叙述以及亲切平实、举重若轻的文风，都使人不能再吝啬这样一个朴素的判断：范伯群先生是当今一流的文学史家。

如果说书中的图片范先生积累了25年，那么这些文字可以说酝酿了大约30年了。在我第一次来到未名湖畔，看见“北京大学出版社”的大门时，范伯群先生就已经走进清末民初那些出版社的大门了。借用“三十功名尘与土，八千里路云和月”来形容范先生用功之深、奔波之广，也并不为过。

贾植芳老前辈赞许范先生“全局在胸”和“了如指掌”，李欧梵先生赞扬范先生“功德无量”，表示“钦佩万分”。我一个晚辈没什么可续貂的了，就说一句勉人兼自勉的话吧：**雕虫技艺何足道，垂范文章自伯群。**

妹子的麦

蔡小容教授的杰作《小麦的小人书》，北大出版社 2009 年 6 月出版后不久，就送给我了。可回家后就被领导野蛮霸占了，现在才轮到我手上看，而此书的第一波销售高峰，已然过去了。

其实小麦妹子的电子稿早就发给我欣赏过了，书里的章节单独发表时，我也在博客上写了评论，还被印到此书的封底。

我一个是喜欢小麦所喜欢的那些连环画，我相信这个世上跟我有同好的人，一定是上上之人。套用一句《牵手》的歌词："因为爱着你的爱，因为梦着你的梦，所以悲伤着你的悲伤，幸福着你的幸福。"

另一个是喜欢小麦的文字，我称赞她**把学识和才情融会得如同罗成的那支枪，"舞得风雨不透"。**

当今的人都活得太粗糙了，有欲望的可能没想法，有想法的可能没才华，有才华的可能没学问，有学问的可能没道德，有道德的可能没思想，有思想的可能没胆识，啥啥都有的，可能又没健康。而小麦妹子好像啥啥都有，故而让人见了就敬重三分。及至读了她的文字，敬重又加了三分。

当今学者一筐一筐的，有谁能从小人书里看出那么多的学问和情趣吗？估计普天下不超出十个人，要么就是大量占有资料却毫无情趣的学者，要么就是徒有热情却说不出子午卯酉的看客。

假设天下关于小人书的才学一共十斗的话，那么小麦妹子独占了六斗，孔和尚占了一斗，各路专家占两斗，其余天下人共占一斗。故此我颇想给小麦改名叫“蔡六斗”，不知她是乐意呢，还是乐意呢。

小麦给小人书分的几个系列，我尤其喜欢，因为**她不是按照“学术逻辑”划分的，而是按照“劳动人民的美学”划分的**。比如“打仗系列”“古装系列”“隋唐系列”，让我看了就心里甜蜜蜜的，张口就唱了两句自编的京剧：“听说要吃炸酱面，不由人一阵阵喜上眉梢。”

说实话，我真恨不能这本书是我写的，这样我才对得起小时候巴心巴肝买来的那些小人书。可惜我真的写不出来，因为我没有小麦妹子琢磨得那么细，没有她那么痴心不改。

我已经多年不接触小人书了。但童年的美好生活，依然不时会在梦中浮现。看了《小麦的小人书》，就仿佛回到了伟大而壮丽的毛泽东时代，那个时代的出版物，哺育我这样的普通工人子弟，成为一个灵魂健康的、德智体全面发展的、能吃苦能享受的、能思考能干活的、懂得什么是真正的民主自由高尚幸福的人。

感谢小麦妹子给我和像我这样的小人书迷带来了美不胜收的精神佳肴。

忽然想起一个小品，西北的乡村教师带领学生认生字，指着黑板上的“麦”，大声说：“摸爱麦！摸爱麦！妹子的麦！”学生跟着齐声吼道：“摸爱麦！摸爱麦！妹子的麦！”我喜欢这样的小品，喜欢劳动人民对知识的真诚向往。

因为劳动人民的知识，从来是不脱离土地、不脱离人生的，就像温暖的麦子一样，既养育我们的肌体，也抚慰我们的心灵。

胡吃海读

四大名著雅与俗

——天翼大讲堂讲座

各位朋友下午好。

很高兴有这样一个休闲的时间。我很喜欢在这样的环境里作报告，因为这貌似在作报告，其实就是休息，因为我在学校里讲课实在是一件体力劳动，非常累。特别是我在学校里讲课的时间和地点都被社会上广大的朋友所掌握，所以在学校里讲课，是宋丹丹说的那种情况——“人山人海”，就差红旗招展、锣鼓喧天了。在那样的场合想不累也不可能。我很喜欢在一个静悄悄的、没人知道的地方，所以我尽量隐藏我的行踪。我们今天讲的这个题目，是一个比较俗的话题，讲座的组织者安排我今天讲一个四大古典名著之雅与俗的问题，我想这个问题，也适合我们休息。

中国文化有这样一个特点，不论多么严肃重大的话题，你想让它严肃就能严肃起来，你不想让它严肃，可以休息。就像金庸小说一样，你把它当成休闲书来读，可以；当成娱乐读物来读，可以；如果你想从中看出很严肃的话题来，一样有。而且你越严肃，它就越严肃；**你越有学问，你从它里边就能得到越深的学问。这就是中国文化永远看不尽、说不完的魅力。**像中国山水画一样，你买一幅画回去挂在家里，随便看一眼，可以怡情养性；仔细端详，也能看出大千世界，看出芸芸众生的喜怒悲欢。**它的价值跟你的价值是相呼应的，跟你的修养是成正比的。**

在座的各位为什么想听“中国四大名著之雅与俗”的问题？

我想这有一个大的背景，就是我们现在举国上下有一个传统文化热，有一种所谓的国学热，所以现在要听课的人越来越多。而且不仅是在学校里听，我刚才说的是在学校里人山人海地听课，就是此时此地在祖国的许多的什么万豪酒店、千豪酒店的报告厅里，都有人在听课。这是当下中国的一个突出的现象。

中国现象很多，大家现在光注意通货膨胀了，光注意到馒头、包子涨价了，可能还没有注意到现在的中国人正在听课，这是全世界人民都忽略的一个问题。

为什么中国人民都在听课？

现在，很多学生上课是为了考试，为了拿文凭，不是为了求知。而社会上已经工作的朋友听课，不是为拿文凭，他拿出自己宝贵的休息时间来听课是为了求知。那问题已经很清楚了，举国上下听课热，说明我们当下是一个没文化的时代，而且大家知道我们没文化。**什么事情就怕不知道，知道了这就好，知道了就是一个**

良好的开头。

所以对这个泥沙俱下的国学热，对传统文化热，我还是采取一分为二的态度的。从总体上我是肯定的，人家没文化，知道自己没文化，要学习了，这不是个好事吗？是好事。但是，它存在着一种病急乱投医的现象，因为知道自己没文化就到处去找文化。**文化有时候不是能够找到的，文化写在书里面，但它怎么能变成你的东西，这是学问。**这个问题就大了。

我们现在有很多学者，著名的学者，在到处弘扬传统文化。也有一些人在批评他们，说他们讲得不对。我一般不去追究人家的错误，**谁能保证自己讲课没错误呢？我讲课没有错误吗？不能保证自己没有错误，不能保证人一说话就百分之百正确。**首先有人讲有人听，这就是一个好的现象，讲错了，大家来纠正嘛，还有那么多高人嘛，高人和高人之间还可以互相纠正。

现在我们国家从中央政府到地方政府，到各个企业、文化单位都知道要去补文化这个课，比如我们在世界各地建立了许多孔子学院。其实孔子学院根本没讲孔子，孔子学院都在讲汉语拼音呢，都讲 b p m f，d t n l，都从这儿开始讲，讲得老外一头雾水，说这就是孔夫子呀？从 b p m f 到讲孔子还有很漫长的路要走，那为什么不叫 b p m f 学院，非得叫孔子学院呢？因为全世界人唯一知道的、普遍知道的一个中国人的名字，就是孔子。

英国前一段时间做过一个问卷调查：知道胡锦涛的人有多少？结果是不到 3%。我们中国人都得知道吧，我们中国人都知道的党和国家的第一领导人，英国只有 3% 的人知道。就算这个统计不太准确，我想它超不过 6% 吧？这是很悲哀的一件事，我们中国的第一领导人，人家可知道可不知道。谁说中国强大呢？如果我们关起门来老说中国强大，那便是一叶障目。

我们老看账面上那点 GDP 的增长，那个不说明问题。什么时候人家抢着要知道你的第一领导人，不但要知道你的第一领导人还要知道你的第一百零八个领导人，那个时候才算你强大。他不但要知道我们国家的一把手是谁，他还要知道北京市市长是谁，中国电信的头儿是谁。当外国人要知道这个事的时候，那才算我们强大。

怎么达到那一步？光靠 GDP 是没有用的，必须文化强大。英国的经济这么些年不怎么发展了，它吃什么？它为什么还过得那么好？吃文化呀。就吃这个 English 就能吃多少年呀。全世界人民不都学人家那个 English 吗？就靠卖那点 English 养活它的人民能养活好几百年。咱们中国人辛辛苦苦挣的钱花在 English 上的有多少？这就够养活英国人的了。这就叫吃文化。

我们今天就专说弘扬传统文化这件事。如果说全国人民真的有心要读书了，要学习传统文化了，那什么是正宗的传统文化？显然不是我们今天要讲的四大名著，应该是四书五经，应该是儒家、法家、道家、墨家、佛家，诸子百家。

于丹教授在电视上讲《论语》，讲得那么好，影响那么大，但很多人批评她，我是支持她的，我认为于丹讲《论语》功德无

量。以前老百姓都觉得《论语》离他们很远，根本就听不懂，于丹这么一讲，很多人都懂了，这是好事。

但是我很奇怪的是，大家听完于丹讲《论语》后，都去买《于丹〈论语〉心得》这本书，却很少有人去买《论语》的。这岂不是怪哉？这是于丹的悲哀，也是我们中国的悲哀。

《于丹〈论语〉心得》讲得再好，它也是注了水的《论语》。不管是于丹讲《论语》，我讲《论语》，还是谁讲《论语》都一样，都是注了水的东西，我很奇怪你为什么买注了水的东西，而不去买原著呢？

比如我在北大讲课，我讲鲁迅也好，讲金庸也好，讲老舍也好，我的目的不是让学生听我的思想，我是一个文化导游，我讲完了之后是希望同学们去看鲁迅、看金庸、看老舍。

我非常欣慰的一件事是，我开鲁迅研究课的时候，那个学期北大图书馆的《鲁迅全集》被一借而空。北大图书馆的老师不知道怎么回事，不知道北大发生什么事情了，非常慌张，因为从来没有发生过这样的事情。

《鲁迅全集》和马恩列斯的著作是摆在一起的，一排一排的，非常漂亮，平时没人借，工作人员便不用去动那排书架。那个学期突然被人借光了，他们很纳闷，一打听才知道，中文系有个老师姓孔，开了鲁迅研究课。

听到这个消息我很欣慰，我认为这是我讲课的成功。我不需要学生赞同我的观点，你可以不同意我的观点，但是你要从鲁迅那里找根据，你要自己去读鲁迅，这就是我高兴的。

我讲金庸，市场上的金庸小说增加了很多销售量，当然增加销售量对我没有好处，但是我认为这也是我讲课的成功。

我们国家有那么好的二十四史、诸子百家，可是老百姓读不懂。幸好我们老祖宗也想出了办法，中华文化的伟大就在于这里，它不要求人人都读四书五经，谁能读得懂经呀？读得懂就不叫经了。西方人也有很多人读不懂《圣经》，所以弄了那么多牧师。每个小区要有一个牧师，每天给大家讲一段《圣经》。

任何经典都不是指望普通大众去直接接受的。在经典与大众之间一定要有过渡，要有中介，我们中国现在就缺少这个中介。

不但传统文化经典缺少中介，就连我们党中央的那些文件也缺少中介。这些文件应该怎么跟老百姓建立血肉联系？比如咱党中央开会，哪次说得不好？哪次的文件，都是执政为民，和谐社会，哪条说错了？哪条都说得特好，但是到了生活中就不是样样那么好。到底怨谁呢？怨党中央吗？不怨党中央。问题到底出在哪儿？出在中间环节。就好像农民卖粮食并没赚到钱，但是我们却感觉馒头天天在涨价。钱哪儿去了？中间环节出了很大的问题。

经史子集中，经和史是一般老百姓读不懂的，于是老祖宗想了个办法：创作出一种通俗经典，通俗经典就是指小说。“小说”这个词是中国独有的。把“小说”这个词翻译成任何一种外语之后，都没有“小”这个意思。只有在中国，前边加一“小”字。我明明写了一百多万字，怎么还叫小说呢？甭管你写多少万字，都是小说，特别长的叫长篇小说，还是小说。为什么不叫“大说”？**小说是相对于大道而言，小说的对立面是大道，道才是高级的，道是大的。**

这种文体不论有多少字，都是要载那个大道，大道用不着说多少字，大道说的字很少。《论语》这么伟大，就几万字；《老子》更伟大，五千个字，从宇宙到人生说完了，虽然只有五千个字，但是它是大道。

你写五百万字的小说，但你是载它那个东西的。中国人把这种文体叫作小说，既是轻视也是重视。轻视你还是重视你，取决于你有价值还是没有价值，取决于你是否载了大道。这就是中国小说跟西方小说的区别。

我们这样讲并不是说中国小说好或者西方小说好，只是讲它们的不同。西方的小说，它不要求载道，它强调的是虚构，只要是虚构的故事就叫小说，可以载道可以不载道。

回到我们中国来说，中国的小说是跟大道相对的，所以这种文体本身就是俗的。我们今天不是讲雅和俗的问题吗？小说本身就是俗的，这个俗是跟四书五经相对而言的。

中国文化是一个等级文化。现代社会讲平等，好像说等级是不对的，我们先要去除这些先入为主的概念，有等级到底好不好，这需要专门研究。

没有等级就好吗？大家都喜欢平等，可是现实生活中能平等吗？对此，我们要考虑两个问题。第一，能不能平等；第二，应不应该平等。人和人应该平等吗？人显然有的勤奋、有的懒惰，有的聪明、有的笨拙，起跑线是不一样的，人的素质也是不一样的，人怎么能平等？或者，细说一点，我们要求的平等到底是什么？是我的结果跟他一样还是我的出发点跟他一样？还是我的机遇跟他一样？如果这一点不区分清楚，平等就是一句空话，甚至是有害的。

等级不好吗？我们总是以为西方社会是平等的，西方社会真的平等吗？不对，西方社会才是有等级的，而且大家都认可这个等级。普通员工跟CEO能平等吗？不能平等。跟董事长能平等吗？不能平等。

我认为人应该有等级，但是这个等级要合理。什么人就应该在什么位置上，这才是千古不变的道理。用孔子的话讲叫“君君臣臣父父子子”，该当爹的就当爹，该当儿子的就当儿子，你明明是他爹，非得说不是他爹，是他朋友，这叫虚伪，这叫不负责任。你当他爹，就要切实负起父亲的责任来。

中国的经典就是分了等级的，中国的一切文字都是有等级的。同样签一个名，书法家的名值多少钱呀？写文章也一样，有人写的文章就被叫成经。“经”就是已经被神话，不是凡人能写的，是被全民所公认的。平常人不能说我回家写个经去，那经不是你写的。一般人不敢说写经，一般人的最高理想是写历史，这是中国人最高的理想——说我好好做学问，将来国家修史，我能进到那个队伍里去。比如皇上组织一个班子写前朝历史，你是主要执笔者，那是一生最大的荣耀。自己能够留在历史上，那比当皇上还光荣，为此可以付出生命。

所以文天祥才写下“人生自古谁无死，留取丹心照汗青”。文天祥的这种精神一直影响到我们共产党的烈士们。共产党的革命先烈为什么不怕死？他们知道自己从事的是正义的事业，死了会留在历史上，人民会记住他们，有这么一个信念他们就能大义凛然了。当然，有少数的烈士修养更高，他们连名也不愿意留，那是更伟大的。但是多数烈士还没有修炼到那个程度，他们觉得虽然死了，但能留在历史上就值了。修炼到这个程度，并不是马克思主义教育了他们，而是传统文化教育了他们，因为传统文化重视留在历史上的价值。

所以经和史都是伟大的，多数人参与不了。多数文人只能写诗文，写普通的文章，写奏折，写散文，写游记，写诗歌。当然写这些也都是挺光荣的。比诗低一层次的叫词，我们今天喜欢宋词的人比喜欢唐诗的人多，特别是年轻人，更喜欢宋词。

为什么喜欢宋词呢？因为宋词更俗，它更接近普通人的人性，主要写些男欢女爱等下班以后的事。诗都是写上班的事，跟皇上说的那些事情，如“安得广厦千万间”，探讨如何改善居住条件。下班以后写“小红低唱我吹箫”之类的事。因此，写词就被认为不够高雅。

在朝堂上有朗诵诗的，却一般没有朗诵词的。历史上，凡是喜欢写词的皇帝大都是亡国之君，因为他们把上班以后的事和上班的事混为一谈了，那是不务正业，是不可能治理好国家的。

写词已经不够高雅了，比写词更低级的是写小说。在古代，写小说的人多少有点儿见不得人。写词虽然不高雅，但作者一般都用真名署名，小说的作者却一般不用真名，所以古代小说的作者需要考证。

我们今天所说的某个古代小说的作者，当时都是不知道的，是我们做学问的人费了好大劲考证出来的。现在我们说《三国演义》的作者叫罗贯中，《水浒传》的作者叫施耐庵，当时都不知道。《红楼梦》的作者到底是谁，今天其实并没有搞清楚。但是很多学者认为是曹雪芹，那么只好姑且认定是曹雪芹，这并不是一个板上钉钉的事，说不定哪天又考证出来这不是曹雪芹写的。即使是曹雪芹写的，曹雪芹到底是谁，也没搞清楚。曹雪芹跟曹霑到底是什么关系？曹雪芹就是曹霑？曹雪芹是曹霑的儿子？曹霑是曹雪芹的儿子？有好几派说法。

为什么写小说不用真名？因为这是一个不登大雅之堂的事。在古代写小说相当于现在写色情小说。现在写小说一般用真名，但是在网上写色情小说都不用真名，而是用网名。让你找不着真人，你需要人肉搜索才能把他搜索出来。所以说小说比词在类别上更低级。

从类别上，文体有一个从雅到俗的金字塔。金字塔尖上是四书五经，压在底层的是小说、戏剧。然而，庄子有一句话叫“道之所在每下愈况”。你不要以为压在底层就翻不了身了，越低级

的东西里面越藏着伟大的道，这就是中国“否极泰来”的辩证法：到极端就可以变化，最低层里有最高的道。小说、戏剧里面可以载大道，所以小说成了一种弘扬、传播传统文化之道的最佳载体，它是金字塔里最低等级的，它的受众最广大。四书五经好是好，没人读呀。

中国的小说，远在几百年前，甚至接近一千年前，就高度成熟了，所以人民是从小说中领略了那些圣贤之道。孔子、孟子、老子、庄子的道理那么高深，他们是怎么影响老百姓的？老百姓小时候在私塾里摇头晃脑地背什么“人之初性本善”……后来读点儿《论语》，也是读得半懂半不懂的，因为老师的水平有高有低，整个社会识字的人就没有多少。我们说中国古代文化确实光辉灿烂，但是只有少部分老百姓承担了这个文化，大多数老百姓是文盲。这样一个国家是没有力量，没有办法凝聚起来的。

多数人怎么知道做人要仁义道德？怎么知道做人要厚道、要忠、要孝呢？是通过底层的通俗艺术。

我举一个例子，金庸小说《鹿鼎记》里的主人公叫韦小宝，韦小宝出身于妓院，大字不识一个，他的名字“韦小宝”这仨字，他就会写中间那个“小”。所以他签《尼布楚条约》的时候就只签了一个“小”。虽然他大字不识一个，但是你能说韦小宝没文化吗？他有文化，他知道很多做人的道理，知道很多社会的道理，所以韦小宝是“不学而有术”。他利用在中国社会获得的文化经验，帮助俄罗斯进行了一场改变历史的政变，其实不过是用了中国历史上一些阴谋诡计的皮毛而已。

他的本事是从哪儿来的？从小听书听来的。他在妓院长大，替嫖客买点烧饼打个酒什么的，顺便偷点钱，路过书场，就去偷着听书，听听《三国演义》《大明英烈传》……根本用不着听什么易中天、于丹之类的，就听听单田芳就可以了。

听听单田芳、袁阔成就能长学问，中国文化就这么厉害。这是因为，中国文化高端的大道已经渗透在这些通俗的文本中了。所以这些小说成为人民的历史，而真正的历史反而被淡化了。

比如说三国到底是怎么回事？易中天老师在《百家讲坛》费那么大力气，掰开揉碎地讲三国，我看易中天老师很受欢迎，老百姓也喜欢听。但老百姓听完之后，改变对三国的认识了吗？没有。是易中天老师讲得不好吗？我觉得讲得非常好，不可能有比他讲得再好的了。他讲得那么栩栩如生，我看已经把功夫发挥到极致了，可大家听完之后还是认为曹操就是坏蛋，刘备就是好人，这是改变不了的。

从历史的角度讲，易中天老师讲的是对的，真正在中国历史上做出贡献的是曹操，曹操的魏国是代表历史前进方向的，也真正改善了老百姓的生活，发展了生产，发展了文化，所以它最后超过了东吴和西蜀，完成了统一大业。在这一点上，历史学家可能没有太多的分歧。

可是不管历史学家们提出多么重要的材料论据来，老百姓不管。不信，你把京剧改了试试。那个改编的京剧选段《曹操与杨修》，其实费了很大功夫，但老百姓不爱看，老百姓还是喜欢看大白脸曹操、大奸臣曹操，喜欢看满脸枣红的关云长——关公。

历史上的关公、张飞都不是小说里写的那么回事，但是人民喜欢这样的他们。关羽的丹凤眼、卧蚕眉、青龙偃月刀，都是虚构的。青龙偃月刀根本不可能出现在汉朝，应该是宋朝才可能出现的。汉朝以前，中国的军队里普遍使用的是剑，汉朝后战争多了，剑不实用了，才开始用刀。但是我们想，关公如果使这么一把剑，还叫英雄吗？那形象就被毁了。为了塑造这个英雄形象，老百姓相信关公使的一定是八十二斤重的青龙偃月刀——六十二斤的不行，不够分量。人民心中有一部人民的历史。

有时候，我们当学者的很容易看不起老百姓，说人民咋那么愚昧呢，都说得这么清楚了，怎么还不相信事实呢？这可能是学者的思维过于简单了，人民可能并不是不承认你讲的另外一个历史，因为他并没有反驳你呀，当然他也反驳不过你，毕竟他没学过这个。

但是人民的观念没有得到中国知识分子的理解：虽然你讲的是真实的历史，但一定要把它正过来吗？有这个必要吗？

我们为什么要学历史？为什么要研究历史？说一千道一万，历史要为现实服务，历史要有利于现在的人活得更幸福。如果真实的历史不能让人民活得更幸福，那人民宁肯相信虚构的历史。这是一个很无奈的事情。

知识分子较真、讲科学，不管真实的历史是好是坏，一定要让人民相信真实。可是人民是把历史当成一种精神食粮的，他要对这个精神食粮进行加工，不顺口可以不吃，反正他不是研究历史的，不是吃这碗饭的。

人民为什么喜欢那个红脸的关公、白脸的曹操、黑脸的张飞？显然这个模式对人民的生活有帮助，这个模式有利于人民生活幸福。

人民就喜欢听刘玄德打了败仗但是扶老携幼一路逃难，这事历史上是没有的。人民就喜欢听有一个特聪明、智慧的人叫诸葛亮，手下一个兵没有，用空城计吓退司马懿百万兵，这事历史上也没有。历史上确实有一个人使过空城计，那人叫张飞，但老百姓不能接受张飞使空城计，老百姓眼中的张飞是莽张飞，没脑子，他怎么能使空城计呢？把张飞的空城计活活安在诸葛亮身上，就是为了增加诸葛亮这个人的智慧。人民需要有一个聪明、智慧的诸葛亮，历史上那个真实的诸葛亮远没有那么大的价值，每回打的都是败仗。但是很奇怪，打败仗的人成了大英雄，老打胜仗的，形象却越来越暗淡，像那电视剧插曲中唱的“暗淡了刀光剑影”。

历史有时候就是不公平的，因为历史是要为现实服务的。为统治者的现实服务，还是为老百姓的现实服务？这是一个问题，但是我们知道正史永远代表统治者的声音。

二十四史中的前三史《史记》《汉书》《三国志》，地位最高，这是公认的。但老百姓不喜欢看《三国志》，非要看《三国志通俗演义》。这个演义在中国还不算最火，最喜欢三国的是日本人，日本三国文化的附属产品、衍生产品，多如牛毛。

我在日本待过一年。曾经有一位我国著名的画家去日本，他擅长画京剧人物，画的三国人物在日本很受欢迎。但是他画的诸葛亮，日本人接受得不是特别好。后来我告诉他，他画的诸葛亮是根据京剧舞台上的诸葛亮画的，带着髯口，有很长的胡子。日本人心中的诸葛亮不是这样的，所以认不出他画的诸葛亮。他问日本的诸葛亮是什么样，我告诉他日本的诸葛亮全是奶油小生，都是二十多岁的小伙子，都是嘴上没毛办事不牢的形象。日本人喜欢年轻、漂亮，是帅哥的诸葛亮。他们不可能接受诸葛亮是中年成功男士。

日本人已经发展出自己的一套三国文化，当然日本现在对中国并不友好，日本人不喜欢现在的中国，恨不能把中国都占领了。但是日本为什么敢侵略中国呀？他们认为自己继承了中国传统文化，认为我们都是败家子，中国这么好的土地应该由他们来统治，他们认为自己能上接正统。所以，日本人对中国的三国比我们还熟。

日本人日常说话的时候，随便举一例子就是三国的例子，俩人辩论时经常说“想当年周公瑾如何如何”，就好像三国是他们家的一样。其实，他们心里就是这么想的。**古代没有那么深的国家观念，由小说塑造的一些虚构的历史深入人心，真的历史反而被湮没了。**

《水浒传》里有一百零八将，掀起了一场轰轰烈烈的农民起义，多么厉害。但宋朝的历史上根本没那回事。宋朝是国内阶级矛盾相对缓和的一个朝代。用今天的话说，宋朝基本上是个和谐社会。宋朝的问题是太和谐了，没人愿意打仗，所以内部搞得挺好，一出去就打败仗。国防没搞好，内部搞得很好，所以宋朝没有大规模农民起义，宋朝社会是知识分子最喜欢的社会。当然，军人是最不喜欢宋朝的。

历史上发生过的宋江起义只有36人，而不是三十六员大将。也就是一小股土匪，派一伙城管就收拾了，根本不需要动用童贯、高俅。而《水浒传》里写的是一百零八将，还有他们率领的千军万马。

但是《水浒传》写出来之后，人民相信历史上真有那么回事。相信历史上真有一个英雄叫武松，有一个英雄叫李逵，比真实存在过的人还要真实。不但相信有武松，还相信有一人叫西门庆。

所以，雅和俗的关系是非常复杂的。雅和俗好像一开始是清晰的，看着看着它们就开始互动起来，最后会易位，俗的会变雅，雅的会变俗。

今天，四大古典名著说起来如雷贯耳，但在它们问世的时候并不叫四大名著，四大名著这个名称是现代人起的。正像曹操活着的时候不知道自己是皇帝，是他儿子赐给他一个皇帝的位置，追认他为皇帝，是先有了魏文帝才有了魏武帝。

四大名著问世之初跟其他小说一样，也属于俗书、闲书，被人看不起。后来从这些闲书中涌现出几部为广大人民群众所喜闻乐见的，人们给它们起了个名，这时还不叫四大名著，而叫“四大奇书”。而四大奇书开始没有《红楼梦》，是《三国演义》《水浒传》《西游记》《金瓶梅》，这四部书都是明朝的书。清朝出来《红楼梦》后，把《金瓶梅》挤掉了。

四大古典名著这个名称是在五四运动时期，由我们现代文化学者，鲁迅、陈独秀、蔡元培、胡适、刘半农这一代人起的。为什么呢？因为到了现代，我们改变了古代文化金字塔的等级。刚才我讲过这个金字塔，上边是四书五经，下边是小说。到了近代，要革命就得启蒙，就得向人民传播思想。用什么办法向人民传播思想？最有力的武器就是小说和戏剧。所以，这些思想家就宣传小说是最好的文体，小说最重要。

中国第一部小说史，是鲁迅先生写的《中国小说史略》，鲁迅在这本书里不仅论述了四大名著，还有《金瓶梅》。鲁迅讲了这几部书的伟大之处，并给了它们特别客观的地位。

我们今天的人忘了，这些书在诞生之初都是俗的，并且不是我们说的“通俗”的俗，而是“反三俗”的俗。从阅读的角度，家长不让孩子读；从创作的角度，作者不留名。可见两头都见不得人。然而，大家却是一逮着机会就读。

四大名著的水平为什么高？因为它不是出自一个人之手，甚至不是出自一个时代之手。它在传播的过程中，加入了许多文人的智慧。比如三国的故事，从三国时就开始流传了，经过五代、隋、唐、宋、元、明，有很多说书人对它进行过改编、浓缩、加工、整理，才到了一个叫罗贯中的手上。假如说就是有一个叫罗贯中的人做了最后的加工，那也不是他一个人的智慧，就像我们今天说毛泽东思想是共产党的集体智慧一样。

四大名著是中国人民的集体智慧。因为如果人民群众不喜欢哪一段，说书的先生以后就不会再说这一段，或者把这一段改掉，一直说到每一段都经得起千锤百炼。所以说，这个创作过程就是俗的。

“文革”时提倡集体创作，从文艺理论上讲是非常有道理的。它合乎中国小说的创作传统，好的作品应该是集思广益，集广大人民群众的智慧，从理论上这是有优势的。但“文革”中部分集体创作的作品水平并不高，这是因为太急于求成了。

真正的集体创作是像《三国演义》这样的，既集体又自由，最后由一个人加工完成，它其实是经过人民群众长期、反复检验的。我们今天的网络互动也能起到这样的作用。所以它的结果是好的，并最终经典化，乃成大雅。人民群众衷心拥护的东西开始可能是俗的，只要经受住时间的考验，就成雅的了。

下面我分别谈谈四大名著的特点，主要从“雅”和“俗”上来讲这个问题。

一、《三国演义》

人们为什么喜欢看《三国演义》？现在有很多知识分子受了西方观念的影响，认为中国没有好东西，说《三国演义》讲阴谋诡计、讲权谋，不配是经典。人民群众看《三国演义》是为了当坏人吗？是为了看完《三国演义》把自己的领导排挤下去，自己当处长、局长吗？我想肯定不是这样。

人民群众首先是被《三国演义》的魅力所打动，这个魅力我觉得不是历史学家说的宏伟的历史意义。当然这个意义也是有的，但只是雅的一面。而人民群众往往都是从俗开始，再自然而然地到雅。

比如我们今天学任何一篇课文，老师都要讲这篇课文的中心思想是什么，反映了什么，表现了什么。可是当你自己去读这篇文章的时候，你绝不是怀着这样的目的去读的，你一定是从一个很俗的出发点读的。你可能觉得这人好玩，这个情节吸引人，你去读了；或者这段爱情打动了你，你去读了。但是读完之后自然而然地受到了教育，受到教育是结果，不是你的初衷。

20 年前，我的硕士毕业论文研究的是曹禺的《雷雨》。为此，我读了学术界对《雷雨》的大量论述，我读得越多觉得《雷雨》越深刻、越厉害、越宏伟。我们北大的温儒敏教授，有一天把我叫到未名湖边跟我谈我的论文。他说：孔庆东啊，你说的这些都对，但是你太受这些学者的影响了。你知道中国的老百姓为什么要去看《雷雨》吗？他们常常是搬着椅子拿着凉席，头一天晚上就到人艺门口去排队买票。他们是像你说的要去看反封建吗？要去看资产阶级的罪恶？要去看封建大家庭的黑幕？要去歌颂光明、鞭挞黑暗？都不是。我告诉你为什么老百姓这么喜欢看《雷雨》，他们就是要看一家子乱搞男女关系。温教授的话像一道闪电闪在我黑暗的心灵中，给了我非常大的启发。我马上就明白，原来自己是个书呆子，看书看傻了。

老百姓去看《雷雨》，就是想看这一家子怎么这么乱七八糟，怎么这么多三角关系。但是看完之后，他们受到了反封建的教育，得到了人性的启迪。这是看完之后的结果，不是初衷。他们是由“俗”这个门进去，从“雅”这个门出来。

《三国演义》也是这样，大多数读者不是学者，不是非要看历史发展的规律。《三国演义》真是开门见山的好文章，开头就说“话说天下大势，分久必合，合久必分”，这就是它的中心思想。但是光说这句话谁读啊，人们主要不是去读这句话的。

历史学家告诉人们，读了《三国演义》就知道统一是人心所向，分裂是不得人心，中国是一定要统一的。但老百姓不管这些，老百姓就看：这哥儿仨，多好，桃园三结义啊，有动人心弦的情节，有挥戈跃马、攻城略地，有出奇谋、献巧计，有水淹或火攻，有强夺或智取。我们都是凡夫俗子，每天过着枯燥、无聊的现实生活。读《三国演义》多过瘾，血雨腥风、刀光剑影，满足了我们心中的英雄梦。

人人都想当英雄，即使自己当不了，也愿意认识英雄。这里的英雄本色就是一种风雅。一说起《三国演义》，人们就想起诸葛亮舌战群儒、闲云野鹤，想起小乔初嫁，想起周瑜雄姿英发。这是很俗的人性，但这恰恰是对雅的渴望。我虽然是俗人，但我心里有一份雅的追求。我们俗人有一份雅的追求，就会觉得活得有滋味儿，特别是当我们看到暗淡的现实时。

《三国演义》里的人物是被夸张了的艺术人物，但老百姓爱看，因为他们希望生活中也能有这样的英雄站出来，解决我们的现实问题。你说曹操是大奸臣，但是曹操能横槊赋诗，他可不是一般的奸臣，他有英雄的一面，他还有“东临碣石有遗篇”。曹操跟刘备一块儿青梅煮酒论英雄的时候，刘备能看出曹操是英雄。刘备自己窝窝囊囊，但他知道谁是人才，愿意为了一个人才三顾茅庐。

中国人神话关公的过程是中国文化的又一次再造，历史上的关云长其实没什么英雄事迹可言。如果你认真地去看《三国演义》，你会发现关公打的很多仗是败仗，做的很多事也不对，他怎么就出名了？实在是奇怪啊！

从政治角度讲，关羽怎么都不能算是一个英雄，但老百姓偏偏就喜欢他。中国人为什么要推崇这样的人当英雄？为什么要崇拜他？这里隐藏着中国文化的秘密。

关羽最后守荆州守得很惨，国家利益受到严重损害，最后他也兵败身亡。这怎么都不是光彩的事，怎么他死后就成了神？

我们看，**任何一个民族崇拜的战神，都是因打胜仗成为战神的。就关羽奇怪，连续打败仗却成为战神，而且不断升格，不但是战神还是财神。**在中国的很多庙里，不管是佛教的，还是道教的，经常搭配一关公，在旁边保护着，而且中国的黑白两道都是拜关公的。

关公的这种忘记生活中铁的原则，忘记政治原则，只顾交情的行为，是有魅力的。《三国演义》里，有许多人是凭着个人的

性情做事，这就是《三国演义》的魅力。

《三国演义》里的刘备也与史实有很大的出入。刘备因为关云长之死，起全国之兵讨伐东吴，导致蜀国失败。刘备就不是一个当领导人的料子，可是老百姓不管，老百姓被他们哥儿仨的情谊而感动，尽管为了这情谊死了不少人。从这个角度讲，曹操是伟大的政治家，但人们却说曹操不讲人情，抓住曹操的几个小错误，就把他描绘成一个大奸臣。其实，历史上的曹操是真正拯救了千万人生命的。

为什么让关羽夜里读《春秋》？主要是提醒读者，他没跟嫂子住在一起。为什么非得读《春秋》，不读《西厢记》呢？这就是《三国演义》的韵味所在，让人觉得人物、场景像画儿一样。你想想是不是一幅画？张翼德巧布疑兵，吕蒙白衣渡江，吕布辕门射戟……其实吕布也是一介莽夫，但京剧《吕布戏貂蝉》里，吕布是一个风雅小生，这是为了说明他和貂蝉有一点少年爱美女的意思，也是为了衬托董卓是一个莽汉。其实，董卓才是真正有文化的人。

《三国演义》探讨着历史上真真假假的人物的风雅，也不回避他们一样有缺点，有俗的一面。

鲁迅在《中国小说史略》里评价《三国演义》“显刘备之长厚而似伪”。就是说把刘备写得太忠厚了，让人觉得有点虚伪，有点假。

比如赵云七进七出大战长坂坡，最后把阿斗救出来，送到刘备面前。刘备把孩子往地上一扔，说“为了一个孺子几乎损我一员大将”，这是刘备摔孩子收买人心。书里其实交代过了，刘备的手特别长，双手过膝，所以他把孩子往地上一摔，其实孩子没摔着。这些描写正反映出刘备特虚伪。

鲁迅还评《三国演义》“状诸葛之多智而近妖”，就是说把诸葛亮写得太智慧了，智慧得像妖精一样，什么都能算到，有点儿不真实。他如果什么都能算到，那应该是蜀国统一天下，但蜀国却失败了，这是其不真实的地方。但是毕竟还是写到了诸葛亮的失误。京剧里的“失空斩”（《失街亭》《空城计》《斩马谡》）的主要负责人就是诸葛亮，马谡只是个替罪羊。马谡不是诸葛亮派去的吗？既然知道他没本事，纸上谈兵，怎么还派他去守街亭？这是用人不察，是主帅的责任。

我们说曹操伟大，但在《三国演义》里曹操经常打败仗，而且败得特别可笑，一会儿把袍子换了，一会儿把胡子割了。曹操的狼狈形象是通过这些细节塑造出来的。

这些人的确是英雄，但英雄大多时候是自负的。蒋干本来是英雄，但太自信了，所以蒋干中计。周瑜也是自负的。历史上的周瑜是赤壁之战的第一功臣，诸葛亮只是一个参谋。关羽的自负，刚才说过了。还有一个自负的人是杨修，他代表了我们知识分子那点穷酸的毛病。中国的知识分子确实有毛病，刚有点儿才华尾巴就往天上翘，不知道自己吃几两干饭了，这是要耽误大事的。所以中国贤明的君主，对知识分子都是采取既改造又利用的政策。

杨修就是其中的一个典型。杨修是才子，但这样的才子如果不受管教会坏掉大事的。

通过风雅和世俗的结合，《三国演义》达到一种真的历史境界。

《三国演义》是虚构的历史。历史学家章学诚早就说了：《三国演义》是七分虚三分实。我觉得这话都说得客气了，在我看来是九分虚一分实。**历史上真实的诸葛亮不是那么聪明；关羽不是那么英雄；张飞不是那么鲁莽，他是很有文化的，不但使用过空城计，画美人儿画得特别好。但老百姓喜欢《三国演义》所塑造出来的这一组人物。这就是文学战胜历史。**不管时代怎么发展，不管是旧社会还是新社会，人民永远接受这样的历史。

郭沫若曾专门写文章为曹操翻案，毛主席也对曹操评价很高，大家接受他们的翻案，但没有因此而喜欢曹操。所以，这是一个绝佳的雅俗互动的例子。

二、《水浒传》

《水浒传》的问题更复杂。我们国家研究古代小说的论文中，最多的就是研究《水浒传》的，《水浒传》的读者可能也是最多的。我曾经写过一篇文章叫《〈水浒传〉八大问题》。我认为《水浒传》主要有八个问题，有的问题跟我们的关系不大，今天我就挑着说一说。

（1）作者问题。我前面说了，古代写小说的作者不留名 。《水浒传》的作者，有人说是施耐庵；有人说是罗贯中，那罗贯中就太厉害了，既写了《三国演义》又写了《水浒传》；还有人说是他俩一块儿写的。

这些说法各有各的根据，但都不完全准确。准确地说，应该是刚才我讲的，它们是长期流传过程中集体创作的，是中国人民的集体智慧，只是最后由一两个比较有水平的文人进行了加工。甚至很可能书商为了赚钱，也加入了自己的创作。总之，情况是非常复杂的。

我们在《水浒传》和《三国演义》里，看到很多“有诗为证”，这些“有诗为证”的诗在其他小说里也经常出现，这说明它们是集体创作的。那么其中可能有一个叫施耐庵的人，花费了比较大的功夫，用了比较大的心血，进行了润色。这个人的生平到底如何，我们还要仔细研究。

有人从《水浒传》中找到很多证据，想证明作者是山东人。但也有人说不对，《水浒传》里的某某词，是安徽话，说明作者是安徽人。也有人说，《水浒传》的作者一定是湖北人。

这些争论都是有意义的，这是用文学作品来考证语言的演变，风俗的演变。**《水浒传》的故事发生在山东，但是根据地理学家考证，山东根本就没有那么大面积的水面，不可能进行《水浒传》里描写的大规模水战。**

那么《水浒传》里写出的波澜壮阔、宏伟壮观的水战，是从哪儿来的？从哪儿得到的材料？从哪儿得到的灵感呢？我认为，作者应该是从宋朝洞庭湖流域的钟相、杨幺起义，还有元末朱元璋、陈友谅的鄱阳湖大战，得到的启迪。作者把故事地点设在山东，同时也写到了其他省。所以文学作品有多方面的功能，它保留着活的历史。

（2）版本问题。古代小说魅力无穷，版本非常多。我们今天所知道的《水浒传》的版本，主要有：一百回本、一百二十回本、七十回本。这三种是常见的，另外还有一百一十五回本、一百一十回本、一百二十四回本、七十一回本等。有些非常罕见的版本，一本书的价值可能会超过一套房子。对于我们大多数人来说，这些版本都没什么用。现在流传最广的，是一百二十回本。

版本问题不多讲，现在讲讲金圣叹的七十回本。《水浒传》的作者到底是谁，我们还没有完全搞清，但是评点《水浒传》的人我们知道，大才子金圣叹应该是首屈一指。我认为，金圣叹是中国第一鬼才。他把《水浒传》拦腰斩断，只保留了前七十回。同时，金圣叹在书里还做了一些改动，多数地方改得很成功，甚至往往是点铁成金。他为什么这么改？金圣叹不喜欢梁山好汉被招安，所以他要把招安以后的内容都删掉。

但是毛主席和鲁迅认为，这样改不好，应该把招安的部分写出来，以批判投降主义。其实，金圣叹也不喜欢他们投降，他想保留英雄的完整形象。

（3）史实问题。**《水浒传》和《三国演义》一样，跟真实的历史相去甚远，但人民相信真有这么回事。而历朝历代的统治**

者都是要封杀《水浒传》的。因为《水浒传》公然号召人民反抗，这是政府最不喜欢的。当然我们知道政府官员自己也喜欢《水浒传》，也偷着读。但从政治角度出发，他要反对《水浒传》。然而，“野火烧不尽，春风吹又生”，老百姓冒着被杀头的危险也要看《水浒传》。只要有人看就会有人卖，所以《水浒传》屡禁不止，因为人民喜欢这样的历史。有人说《水浒传》破坏法制，这样说不合理。不是《水浒传》破坏了法制，而是统治者先把法制搞乱了。

《水浒传》的伟大在于写这么一群哥们儿，都不是要主动造反，实在是被逼无奈，迫不得已上梁山。所以，这里就涉及《水浒传》的创作意图。

《水浒传》的主要思想到底是什么？几百年来莫衷一是，每个时代都能找到《水浒传》存在的价值。比如五四时代，说《水浒传》是宣传民主自由的，说《水浒传》讲的就是德先生、赛先生，说民主好专制不好。

今天是什么人在反对《水浒传》呢？反对《水浒传》的往往是代表既得利益集团的人。有好多学者要求从中学课本里删除《水浒传》的节选，因为他们认为《水浒传》弘扬暴力。受了冤屈，应该用司法途径去处理，不应该让鲁智深这样一个基层民警，用拳打镇关西的暴力手段来解决。

但是不管哪个时代，大家都看到了一个共同的要害问题——投降。这是一个焦点。金圣叹就因为投降腰斩了《水浒传》。到了现代，鲁迅指出，宋江等人“投降之后就去打不替天行道的强盗了，终于是奴才了”。鲁迅最早把这个问题提到这样一个高度。

毛泽东其实是继承了鲁迅，毛泽东说，《水浒传》这部书，好就好在投降，可以做反面教材，使人民都知道投降派。毛泽东更进一步指出，《水浒传》只反贪官，不反皇帝。宋江投降后，搞修正主义，把“聚义厅”改为“忠义堂”。宋江同高俅的斗争，是地主阶级内部这一派反对那一派的斗争。这是很沉痛的一个问题。

社会极度不公平的时候就会发生革命。鲁迅是支持革命的，但鲁迅比一般革命者深刻的地方在于他要问：革命以后怎么办？一般的革命者没有想这么远，只有鲁迅和毛泽东这么想。他们想到革命之后不是天下大吉，革命以后会更复杂。

革命以后还会出贪官，那怎么办？老革命吗？这是一个大问题，也是我们学术界在争论的问题。从这个角度看，《水浒传》那个时代是解决不了这个问题的。别说梁山泊好汉这批人只是做了官，即使做了皇上又怎么样？

作为领导者，宋江应该考虑的是这一群哥们儿的出路问题。这个队伍再兵强马壮，难道当一辈子强盗吗？人生总得有个出路，年轻的时候造反，打败了官兵，官兵奈何你不得，你割据了一块根据地，你自己收税没人管你。难道弟兄们一辈子就过这种日子？混到哪天算一站呢？

从人性的角度讲，他们确实希望被招安，被招安可能是人心所向。宋江知道这群哥们儿当初是被逼无奈造反。如果国家的政治好一点儿，把他们都招为公务员，让他们当个小官，让大家都有个前途，这不是最好的结局吗?

这种想法不能说是完全错误的，问题是他们不可能认识清楚那个体制。就是这群哥们儿被招安之后，只要没有出现一个能够制衡朝廷的力量，朝廷就会跟原来一样坏，他们原来反的贪官现在就是他们自己，他们这些人也都会变成坏人。这个问题是宋江那些人考虑不到的，更不用说高俅他们。

所以，《水浒传》里包含了非常非常深刻的雅的文化因素。但是一般的读者不会想这么深，一般的读者就去满足自己的英雄情怀，发泄自己对社会的不满，把水泊梁山当成一个自己受到不公正对待后而可发泄的乌托邦。

而鲁迅、毛泽东、金圣叹，他们看问题看得太深刻了。那么深刻的道理，老百姓想不清楚，干脆就不想了。老百姓喜欢听的就是武松打虎、武松杀嫂、狮子楼斗杀西门庆这些。所以，从《水浒传》里分出一部小说——《金瓶梅》，我们说《金瓶梅》是《水浒传》的一根肋骨。这本来是《水浒传》里小小的一个枝杈，但是老百姓特喜欢这一块，就有人把这一块专门写成小说，叫《金瓶梅》，结果它也成了四大奇书之一。

可见《水浒传》的繁衍能力、再生能力有多强。就好像基督教说亚当的一条肋骨变成夏娃。《水浒传》的一条肋骨变成了《金瓶梅》，同样是一部伟大的著作。真正研究小说的专家对《金瓶梅》的评价都比较高，只不过《金瓶梅》有一个致命伤，就是性

描写太多、太复杂。

很多人不看《金瓶梅》伟大的意义，专门挑那些部分看。**这没有办法，这也是人性。**我们北大图书馆保存了一部完整的明朝版的《金瓶梅》。我读书期间，我们有一个同学好不容易有机会把这部书借出来，大家轮流看，首先看的也都是那些部分，这是实话，然后再研究其他部分。时过境迁，回过头来看，《金瓶梅》确实是一部现实主义的书，它把当时社会的全景描绘出来了。它的缺点就是色情描写太多了，如果把那些部分减少一些，仍然是一部伟大的作品。

总之，《金瓶梅》无论从哪个角度讲都是杰作，但因为它有致命伤，所以后来就被一部更伟大的著作——《红楼梦》所取代。

三、《红楼梦》

《红楼梦》被认为是达到了中国传统文化的高峰。我们系有专门研究《红楼梦》的专家，社会上还有红学会，一本《红楼梦》养活了许多人。

刘心武老师上《百家讲坛》讲《红楼梦》。别人把贾宝玉、林黛玉都讲完了，他就专门讲秦可卿。他不用靠《红楼梦》，一个秦可卿就把他养活了。**我们想一想，曹雪芹挺可怜的，生前贫病交加，举家食粥，是饿死的、穷死的，但死后一部书养活这么多人。**

据一些红学家说，中国所有的书烧掉了都可以，只要留一本《红楼梦》就行，照着《红楼梦》能够复原中国文化。这个说法可能有点儿夸张，但这个话的意思是说，中国所有的文化元素都在《红楼梦》里了，儒、释、道，都有。

《红楼梦》，相比较而言，是中国古典小说中最高雅的，可以说是风雅的巅峰。它的哲学意蕴，它的色空观念，它的伤感情怀，它的诗词歌赋，方方面面都可以说是中国传统艺术集大成之作。**但也正因为如此，它在中国传统的小说里，在四大名著里，又是相对来说读者最少的，因为它俗得还不够。**

即使在有限的《红楼梦》的读者中，大多数人看的也不是雅的这方面，而是男女恋情。大家要看恋情，要看多角恋爱，大多数读者看完后考虑的是：**到底是娶个林黛玉好，还是娶个薛宝钗好?**

也就是说，《红楼梦》本身包含了从雅到俗的若干个层次。其实从《红楼梦》的创作主旨上看，《红楼梦》里边的女子也都可以当作男子看。佛教本来是不区别男女的，但到了老百姓这儿都给区分开了。中国的庙里，释迦牟尼、弥勒佛都被塑造成男的，观音被塑造成女的，其实佛教里没有这么回事。观音这个形象大约是北魏时传到中国，那时的观音是长胡子的。宋朝以后，观音慢慢变成了中年大婶的模样。

《西游记》里边，孙悟空求观音菩萨帮忙而不得的时候，孙悟空就骂观音：活该！一世无夫。人家菩萨是佛，本来就不需要嫁出去。孙悟空的这个骂是代表老百姓的骂，咱们老百姓看着她

就是一个大龄剩女，天上的大龄剩女。

雅和俗，老百姓永远是从俗的角度进入。即使《红楼梦》这样伟大的作品，老百姓也是看俗的这一面。大众喜欢看人家家里面怎么炫耀，怎么过日子，很少注意那些高雅的东西。正因为更多的人这么想，所以我要启发大家，看《红楼梦》的话，还是多往雅了去看看。

而且从《红楼梦》里可以学习很多管理学的知识。大观园就跟一个公司一样，你看看王熙凤是怎么管家的，大观园是怎么败落的。这跟我们管理一个公司的道理如出一辙，极具启发性。大观园盛极而衰，我们过去光说它是寓意中国封建社会的回光返照，其实所有的事情都会有这样一个由盛而衰的过程，应该及早看透。

没有任何一个企业可以长盛不衰，国家、民族也是这样，风水是轮流转的。中国在古代当了几千年的超级大国，凭什么老中国人最牛啊？这么一看，鸦片战争以来，中国人走背运、倒霉这么一两百年，也是合理的。

《红楼梦》里就讲了这样一个超越时空的东西。

四、《西游记》

有人认为，《西游记》不就是童话、寓言嘛。不能这么看。换一个角度，还可以说《西游记》是四大名著里最伟大的小说，因为《西游记》才是最完整的人生象征。

《三国演义》里的女人少。《水浒传》里的几个女人全是坏女人，除了杀人放火的，就是跟人通奸的。有人说《水浒传》的作者一定吃过多少次女人的亏，这么恨女人。《红楼梦》里女人多男人少，好不容易有个男人，还是娘娘腔。真正象征着人生完整历程的，是《西游记》。师徒四人，其实体现了人的四个精神层面。

经常有媒体进行问卷调查：你喜欢《西游记》中的谁？

在 20 世纪 80 年代之前，得票数最高的是孙悟空。从 90 年代到现在，得票数最高的是猪八戒。特别是广大妇女都积极投猪八戒的票，说猪八戒才是好丈夫。猪八戒在西天取经路上还攒了点儿钱，随时准备回高老庄，他能吃苦、能干活、热爱妇女，一身都是优点。孙悟空却不懂得照顾家。

我们每个人身上都既存在着孙悟空的一面，也有猪八戒的一面，有唐僧的一面，也有沙僧的一面。没有唐僧的坚定信念，取经是不可能成功的。唐僧坚韧不拔地要达到这个目的，但是本事不够。孙悟空有本事，但是孙悟空是英雄脾气，只能干大事不能干小事，既不挑担，也不牵马，而且对女同志态度极为恶劣，看见女同志就说“妖精”，不利于和谐社会的建设。沙僧也挺好，几十年在平凡岗位上默默地奉献，什么名利都不争取。其实，这四个方面都是人所需要的，只是在不同时代可能会突出不同的方面。我们这个时代是个庸俗的时代，所以喜欢猪八戒的人最多。

在更多的时代，是孙悟空得票数最高，因为孙悟空代表了人类对自由的渴望，代表了人类永远要反抗的这种精神。孙悟空最可贵的一点就是反抗。毛泽东为什么那么喜欢孙悟空？喜欢的也是反抗。“金猴奋起千钧棒，玉宇澄清万里埃”，你少给我来那些规则，我就不喜欢被束缚，我要打破束缚，追求自由。当然，谁都不可能追求到百分之百的自由，但要有这种精神，不能因为最后不成功就不追求。

其实孙悟空到最后也是不成功的，他每追求一次就被糊弄一次。这又是我们社会的象征。我们进行过各种形式的反抗，最后得到的不是被镇压就是被糊弄。孙悟空不是想要当官儿吗？先给你个官，叫弼马温。原来根本没有这样一个官职，是为了糊弄他专门设的。师徒四人去取经，好像最后成功了，但是小说的结局也是不完满的。

我们知道，他们取的经是残缺的，而且要取到这个经还得贿赂西天的守经人。也就是说，在西天这样的地方都存在贪污腐败，这个讽刺是极为深刻的。所以，你以为到了天堂，到了共产主义就不腐败了？

毛主席早就说了：到了共产主义还不太平，还有问题，还有矛盾，一万年都有。只不过共产主义是比今天更高级的阶段而已。你不要总想着会有一个理想的百分之百的天堂，没有。连如来佛身边都有贪官污吏，更何况其他地方了。

为什么要经历九九八十一难？这就是人生的象征，人生最主要的不是一个结果。如果说只是为了取经，如来佛为什么非得折腾这哥儿四个？如来佛一巴掌把经送过来不就完了吗？为什么非得让他们翻山涉水去取？即使翻山涉水去取，孙悟空一个人不就够了吗？他不是一个跟头就十万八千里吗？为什么非得走这一路，遇见这么多妖精？实际上，走这一路，战胜这么多妖精，本身就是取经的成果，最后拿到的那个结果不是最重要的。

我经常对学生说，你们上大学是为了什么？就为了拿最后那个文凭吗？那你交了钱，学校把文凭给你，你回家呗。**那个文凭其实不重要，重要的是你这四年到底是怎么读书、怎么上课的，这个过程才证明你是不是一个合格的大学生。如果这个过程合格了，哪怕没拿到文凭，你也应该自信满满地行走于江湖之上；如果你没有好好学习，即使文凭发给你了，你也知道自己没有本事。**

中国文化强调过程与结果的统一，中国人的人生目标是求道。我在日本的时候，就经常观察日本人怎么教育孩子。当然，日本是一个教育很先进的国家，在教育手段、教育理念上，有很多值得我们学习的地方。但是他们的启蒙读物跟我们的不一样。他们给孩子讲的童话故事，往往是这样一个模式：在海外的某个地方有金银财宝，有一个小孩儿特勇敢，拿着几个饭团子就向那个地方出发了，到那里打败了守卫金银财宝的妖精，把金银财宝搬到自己家里来。这是他们教育孩子的模式。所以，他们的孩子长大了会干什么？到别的地方去拿金银财宝，把金银财宝的主人叫作坏人，叫作妖精，把他打死，把他的东西拿回自己家。

我们的故事不是这样，我们是历尽千辛万苦，去取经、去求道、去学习真理，我们不但什么东西都没有拿回来，还往外送东西。

比如郑和下西洋，拉着自己家里的金银财宝到处送，这就是我们中国的模式。

《西游记》讲的就是这个道理。孔子说：朝闻道，夕死可矣。中国人活一辈子是要求一个道，或者在最后求，或者在过程中领悟，总之是要求这个道。但是求这个道的路径又是千姿百态的，不是千篇一律的。君君臣臣父父子子，各有各的取道途径。文化水平高的可以读四书五经，文化水平不够的可以读四大名著，四大名著也读不下来的可以看电视连续剧，从电视剧里也可以领悟人生百态。

人，关键是要有一颗求道的心。不论你是硕士、博士，还是学士，只要领悟了人生之道，就能够成功，即使不成功，起码也落得个逍遥自在。

好，这就是今天我要给大家讲的内容，讲得不对的希望大家批评。剩下的时间如果大家有什么问题，欢迎跟我交流。

谢谢大家。不小心讲得时间长了，也没让大家休息。

问答环节

孔庆东：如果大家有什么问题，希望不吝赐教。

问题一：孔老师，非常有幸，今天来听您的讲座。我个人非常喜欢咱们的传统文化，无论是在孩子的教育方面，还是在我的工作当中。今天听到您谈《西游记》当中这四个人物，您说我们从深的层次来看，这四个人物是一个人多方面的体现。但是这四个人物之间的矛盾是非常多的，也是非常复杂的。所以我想请教您，一个人其实是非常多面的，应该怎么平衡它们呢？

孔庆东：你其实是把我刚才讲的那个问题深化了一下。**人经常是各个精神层面彼此有矛盾、有冲突的，那么怎么解决这个呢？**

我们看这师徒四人，他们的地位是不平等的，有一个人是师父，另外三个人还分为大师兄、二师兄、三师弟，都是不同的。我们知道猪八戒代表欲望，欲望排在第三等级。也就是说，我们绝不能被欲望所统治，如果去西天取经，让猪八戒当师父就坏了。谁当师父呢？意志。**意志是师父，意志是带头人，意志是最重要的。**

这是东西方所有的哲学家都特别强调的。叔本华、尼采引导了新的西方哲学，而叔本华的哲学就是意志哲学。西方真的有值得我们学习的地方，但是我们往往学不到位。今天某些媒体上弘扬的西方的东西，并不是西方的宝贝，西方真正的宝贝被毛泽东学到了，就是意志，坚不可摧的意志，西方国家就是百折不回、千方百计地要把中国灭掉。他们的这种想法是不对的，但这种意志是值得我们敬佩的，我们要拿出同等的意志来反抗。所以，**毛泽东这一代人学到了西方的精髓，就是意志！**

这对我们个人也是一样的。一个人要工作也好，要学习也好，要念书也好，意志特别重要，因为一路上要受到种种的诱惑。**唐僧身上最宝贵的优点就是强大的意志力，但是光有意志还不行，还得有抗争，孙悟空就是代表抗争的。**

人经常不能很好地处理这几个方面，要想把它们处理好，首先就要摆正顺序。也不是说不要欲望，合理的欲望是应该满足的，满足合理的欲望更有利于整个人的和谐，整个团队的和谐，这是我自己的理解。我也听过一些讲管理学、讲心理学的人，运用古典名著中的人物来讲人物关系、人的精神的各个层面，我想世界上的道理都是相通的吧。谢谢。

问题二：根据您的这个回答，我再提一个问题。有的人和唐僧这个人物的条件更相似一些，是不是说和唐僧相似的人更适合做管理者？（孔庆东：对）那么和猪八戒特点相似的人，也会有相应的职位与之匹配。是不是可以这样理解？

孔庆东：猪八戒适合做中层管理人员，不适合做高管。高管的基本素质，首先是意志力，其次是执行力。孙悟空的执行力是非常强的，他如果不愿意执行的话，紧箍咒会加强他的执行力。猪八戒的执行力是很差的，但是猪八戒可以起到和谐气氛、团结员工的作用，所以猪八戒适合当中层管理人员。

其实我不能喝酒，但因为有了“北大醉侠”这个外号，很多酒企的老板邀请我去参观，其中就有茅台酒厂。

我参观过茅台酒厂一个非常重要的包装车间，这个车间主任，也看不出有什么特别的才华，但是他得到了包装车间全体员工的支持。主任干得特别好，也特别得人心，所以厂长提拔他做了营销主任。可是他走后，包装车间的生产就上不去了，大家都想念主任，像遥望北斗星那种心情。最后，厂长只好又让他回来继续当这个主任。他一回来，员工们高兴地把他高高地扔起来。

那我想，基层的车间主任，最好是一个亲和力特别强的人，而不是每天绷着脸孔的人。绷着脸孔的应该是高管，他们跟任何人的关系都不会太近。

问题三：孔老师，您一直从事教育工作，可能我是受职业的影响吧，我也一直相信教育对人的改变。如果一个人本身的性格不适合做高管，但他到了高管的位置上，您觉得他需要做什么样的改变呢？

孔庆东：根据我个人的体会，人在25岁之后是不可改变的。人格教育基本上是在20岁之前完成的。25岁之后，他是孙悟空还是猪八戒已经定型了。所以，我们中国人对成年人不讲究教育，讲究根据他的特点而使用他。

中国人追求“人尽其才，才尽其用”，让每个人都充分发挥自己的才能。蒋干有蒋干的用处，周瑜有周瑜的用处，关键在于领导者知道他是什么人，然后把他放在合适的位置上。如果这个人所在的位置错了，要想办法调整他的位置，而不是改变这个人。

我觉得毛主席非常伟大，他做了一个人不可能完成的任务，就是他想改造人。毛主席要跟老天爷过不去，他不相信人只能自私自利。所以，他就宣传：人要大公无私。

我觉得这是一个巨大的矛盾，中国古人就不会去改造人，而是因势利导。你不是懒惰的人吗？懒惰的人自有懒惰的人的用处，可以去品尝酒、品尝饮料，做个品尝师。这是因人之特长而用之，这样人的缺点就能变成优点。

主持人：还有没有人想和孔老师交流？

孔庆东：其实和我交流的机会很多。我有博客，你们可以给我留言。我现在周一到周五的早上7点到9点，在第一视频的网站做新闻评论，大家可以和我进行即时的互动。如果你们有机会去北大，还可以随时听我的课。希望能够在别的场合再次见到大家。

时间：2010年11月26日

胡吃海读

北大“中国与世界研究中心”的《观察与交流》第二期是胡鞍钢的《探索安邦之道》，系为王绍光《安邦之道》一书所写的序。肯定了王绍光的中国研究成就，强调从中国现实出发解决中国问题。第三期是王绍光在清华的演讲录，深入浅出地分析了西方民主的虚假，指出西方的民主实质上是寡头专制的本质。后面的学生提问表现出清华学生对现实问题的关注和思考都颇有深度。第四期是董正华《“联省共和”与17世纪荷兰的崛起》，以荷兰为个案，探讨了国家政治架构的复杂性。

《国外理论动态》2007年第5期上埃及的萨米尔·阿明的《帝国与大众》很冷静地分析了那种对帝国主义妥协的学术立场，很多所谓左翼已经被自由主义给同化了。第6期上英国学者所写的《中国城市的三类贫困》指出中国政府应该针对不同的贫困采取不同的政策，而不是一味补贴。第7期上美国约翰·桑顿的《中国领导者队伍的现状与未来》指出了中国领导人“儒家理想，腐败现实”的矛盾。

胡杨君所赠王政《历史的棱角》（中国长安出版社2007年9月），我已经先睹为快。此书记述近代诸种名人轶事，卓行奇语，颇多意趣，貌似闲笔微言中透出“大力擒龙爪”的功夫。作者曾为北大拳击协会主席，其胞弟王敖博士即著名诗人朋克猫，皆未名湖畔天罡地煞之数也。

秀芹君所赠北大出版社的两部法国绘画史著作《绘画史事》（2007年7月）和《我们什么也没看见》（2007年6月），文章佳妙，译笔流畅，皆为北大法语系董强教授审校并作序。许久未读这样的艺术史著作了，法国人的艺术悟性堪称最与中国人接近。**一粒米中看世界，人情味里有哲学**，优雅的魅力结合着深刻的洞察，这是中国人和法国人彼此觉得天然亲近的缘由。

秀芹君另赠的美国斯塔夫里阿诺斯的一套《全球通史》（北大出版社2006年10月），虽然享誉全球，被吹为20世纪影响世界的十本书之一，但我对这种包打天下的宏伟著作并不感冒，随便翻了翻就发现不少浅薄和武断之处。一个人企图给全世界人民讲述所有的文明空间（全球）和时间（从史前史到21世纪），这是怎样的一种帝国主义妄想啊。不过此书给少年人当作世界历史普及读物，倒还合适。每章后面开列“推荐读物”的做法也值得肯定。A global history，恐怕不是这个打得头破血流的时代所能真正写得出来的，大家各自手持一块历史的碎片，自说自话罢了。

张帆兄寄来他与黄传会合著的百万字皇皇巨著《中国海军三部曲》，穷十年之功而写成。我对第一部专写北洋海军的《龙旗》特别感兴趣，当慢慢读之。记得大前年冬天，我帮陕西卫视《开坛》策划了纪念甲午战争110周年的节目，我们在威海的军舰上纵论北洋水师的“当年鏖战急”。刺骨的寒风阵阵吹来，做观众的海军官兵们身穿制服，端坐不动，而我们几位嘉宾穿着大衣还冻得发抖。我高声问道：“假如再一次爆发黄海决战，同志们能够扬我军威国威，出师告捷，为祖国人民取得胜利吗？”甲板上的官兵们雷鸣般地齐声吼道：“能！”我顿时感到浑身暖和了，于是又很动情地问了一句什么，不知道后来节目播出时，有没有给删掉。

8月2日请人吃烤鸭和田鸡。烤鸭不够脆，田鸡很鲜香。或问田鸡为何好吃，我说因为田鸡主要吃虫子，天天大补，所以体格健壮，浑身精肉，一跳起来，超出自身十几倍，相当于住在6楼的人，一抬腿就从窗户进家了。说完后想，既然如此，那我们何不直接吃虫子。于是8月4日晚，就有人请我吃了云南竹虫，一入口果然觉得浑身有劲儿，要不是先吃了鸡枞后吃了米线，我就把那盘虫子都造了，回家不用打车，直接踩着满街汽车的脑袋，三蹦两蹦就到家了。

8月5日，一位女同学说，孔老师您爱吃玉蜀黍吗？我说我爱吃玉茭茭，她说那就吃玉高粱吧，我说那还不如吃玉麦呢，她说要不就吃玉米吧，我说还是吃珍珠米比较好，她说干脆吃个苞米得了，我说听说苞谷也不错，她说您别挑食了，给您个棒子吃，您就知足吧。

洪子诚老师寄来《中国当代文学史》修订版（北大出版社2007年6月），装帧更加美观大方了。我翻到初版时我提了意见的部分，见洪老师都已做了修订。洪子诚谦逊和善的外表下，有着对学术坚定的严谨和认真，既不乡愿，也不盲从，更有着几乎从不表白的内省。他所做的，实际上是我们这一代人该做的学问。记得多年前曾经遴选“跨世纪学术带头人”，不知道有没有洪老师。但看今天的情形，这个所谓的“新世纪”，年近70岁的洪老师连眉头都没有皱一下，就轻轻地跨过来了。对洪子诚文学史的学术评价，可能学术界没有太大的分歧。我个人注意到的是，洪老师的“文学史叙述语言”，具有一种反省式的冷静的调子，这种不易察觉的语调，包含着一种很高的个人情操修养。

《上海鲁迅研究》2006年秋季号上王吉鹏先生《有关当前鲁迅研究中的几个问题》讲得很简洁明快，特别是强调“鲁迅一生为公平和正义而奋斗”，“鲁迅依然是我们构建和谐社会的精神资源”，很有现实意义。另外，反对日本学者把《藤野先生》看成虚构的小说，肯定该作仍是散文，我也赞同。我的赞同，不是出于个人感情，而是从作品的主体内容上看，主要人物和事件都是真实的回忆，所以应该属于散文，个别细节与日本学者的考证有出入，不影响作品的整体属性。

《上海鲁迅研究》2006年冬季号的“纪念中国新兴版画75周年”的一组文章很好。我想起日本东京大学的韩冰也写过鲁迅关于木刻的论文，研究苏联木刻艺术理论与鲁迅的“关系性”。其实木刻的“大众艺术”属性，决定了它在现代化进程中的位置。不但启蒙者革命者要运用木刻，当年我研究沦陷区文学时，发现日军也利用木刻来宣传他们的“王道乐土”。恍惚记得有一幅木刻的画面上，一个高大英俊的“皇军”，一手持枪，一手揽着一个温柔美丽的穿旗袍的中国少妇的肩头，少妇怀抱着一个肥头大耳的婴儿，后面是光芒四射的太阳，下面写着“中日满蒙万年亲善”，艺术性极为拙劣。同期另一篇池田大作的演讲《谈革命作家鲁迅》虽讲得比较零散，但也颇有见地，特别讲到鲁迅是“人民教师”，强调鲁迅为学生为青年而奋斗的高尚品格，并用鲁迅的主体精神批评日本的“岛国根性”，都表现出对鲁迅的深刻理解。中日两国要真正实现和平友好，必须坚持鲁迅的“反奴役”思想和“直面人生”的态度，否则说不定哪天两国的愤青们就要大开杀戒了。

当下中国的罪与罚

——评李迪的《丹东看守所的故事》

我应该是职业读书人，除了备课，读一些经典著作，每个礼拜都要读厚厚的一摞书。读书对我不在话下，我可以一天读两本长篇小说。但是《丹东看守所的故事》我读了第一篇，就是《等你到天亮》，意识到这不是一件好事儿，勉强读了两篇之后，我就知道这一宿我甭睡了，不敢读了，再读就不是“等你到天亮”，而是哭到天亮。

这本书不是一次读完的。这书读不下去，每一篇读到一半儿，就得克制自己的眼泪。**我们什么文学技巧没见过？能够打动我们这伙人是非常难非常难的事情。**我第一感觉就是“读不下去”，我第一天就知道今天不能读完了，早早躺下睡觉，折腾半天睡不着。第二天白天读，白天读了以后，又改成吃不下饭。睡不着觉，吃不下饭，我是分了四五次才把这本书读完的。我还想，李迪是不是把催人泪下的故事放前头了，就跳着读，读到《最后一片落叶》，还是不行。李迪，你对我采取的是全面包围的办法，无论往哪个坑踩，都陷进去。

这本书引发我多方面的思考。我这学期在北大讲通俗文学，启发学生从根上思考文学到底是干什么的。文学一开始是雅的还是俗的，鲁迅先生说的“杭育杭育派”，郭沫若、胡适写的白话文，在今天怎么理解。文学走到今天已经非常复杂了，我每天做一个新闻直播，我评论这些议论的人都不读文学。但是从另一个角度讲，大家为什么对文学的意见这么大，我觉得文学界自己也要来反思，必须反思这个问题。

从李迪写的《丹东看守所的故事》，我想到的是一整套的我们文学“怎么办”的问题。读这个故事很多人都有共同感觉，是催人泪下的。在我看来“催人泪下”还不能形容它，我觉得字字都闪着泪光，我个人觉得这是近年来罕见的一本好书。

他不是用了很前卫的文学技巧，意识流、打破时空、切碎空间，不是，就是凭实力，就是靠“情真意切”打动你，读者被这本书感动，被书的作者感动。你不认识这个作者，但知道作者是用生命在写这本书。我读这本书首先是受了点刺激，这本书是终生难忘。

讲到书的内容，感受很多，我归纳讲三点感受。

第一，读了这本书，感受到一点“人性之美”。

现在社会表面上看是信息非常发达，网络上什么都能讲。其实不然，网络表面上给你信息，网络另一个作用是堵塞信息。网络给你揭示了一个事情，你就以为你看见了这个事情，其实你什么也没看见——恰恰是堵塞了信息。网络越发达，人们之间的交流反而越出问题，比如10个人聚会，都拿出手机发微博，都在跟遥远的人联系，你面前有朋友为什么不谈话，面前有好朋友为什么不拥抱？都在跟遥远的地方联系，然后又跑到另一个地方聚会，到那里还是发微博。

信息发达不见得带来人与人距离的贴近，所以我们社会充满了隔膜、冷漠、误解，对文学有误解，对公安更有误解。

我也知道公安不是一块净土，肯定有表现不好的警察，表现不好的单位，我也经常批评。经过很多报道之后，媒体夸大之后，整个社会就对公安印象不好，就觉得到处存在黑幕。今天的媒体为什么喜欢坏人坏事，因为吸引眼球，好人好事不报道。**当年毛主席说过，中国这么大，每天肯定有300件坏事，把这300件坏事都登在报上，中国就不用搞了，专门把300件坏事集中起来讲，这个国家没一点儿好了。**

读了《丹东看守所的故事》，我重新看到：人之初、性本善。我觉得这是李迪创作非常朴素的出发点。在他看来，没有天生的罪犯。如果理论家说起来，会把这句话引到种种政治诉求上去。我们看李迪书里并没有这句话，但是他有这个思想观念：人都是一样的，儒家讲的人之初、性本善，在这里体现为人人都有真善美的一面。作家努力在无论是在押人员身上，还是管教人员身上，都挖出他们的真善美，这个真善美没有拔高，又还原到生活本身去。写的是他们如何爱生活，除了工作之外，他们对整个人生都有考虑。

比如说我一见到戴所长，我就使劲看他的眼。我想看出书里写的王羲之的《兰亭序》。看人不能光看表面，看了半天也没看出来他跟王羲之哪里有关系——李迪不挖掘我们看不出来。**人的很多东西是需要挖掘的，人有的东西可以貌相，有的东西貌相不出来的。有的时候光看表面，或者是听人家的片言只语，再受到媒体的误解后，人和人之间的误解就会越来越大。**

有时候你看到在网上吵得你死我活，一见面发现都是好人——多见面，我觉得是李迪给我们的启发。他把在押人员身上的真善美和管教人员身上的真善美挖掘出来以后，使人觉得社会本来应该是美的，人本来应该是好的，每个人都可以好。既然每个人都可以好，那为什么不好了呢？今天上午我到看守所里参观，在楼下走了一遍，在楼上又走了一遍，就想起尼采的话，我很想上去拥抱他们每一个人，说“我受苦受难的兄弟”，很想说这样一句话。本来就是我兄弟，因为某件事情就犯罪了。我的小学同学、高中同学、大学同学都有犯罪的，我有两个同学都被毙掉了。跟他们写作业、玩的时候大家不都一样吗？这个书的深度就在这里体现出来。

第二，从书里我觉出“人生之苦”。

这本书不是简单的唱颂歌的书，不是就为了赞美管教的仁德之心，说他们是英雄——有这方面的内容，但不全是这个。作者不经意，通过一个看守所写出了一个大社会。

每个人都有故事，故事就还原到社会中，从书里的一个一个感人故事，引出当下社会值得思考的很多问题。我擦干眼泪一想他们的故事，这些人为什么犯罪，真善美为什么被摧毁了，多数是因为“生活困难”，书里很多人犯罪是因为生活困难。本来家里的日子好好的，突然间的一个变故，特别是家里有人生病了，这时候他得不到正面的援助，这时候人性不正当的欲望诱惑了他，这种情况下，人就犯罪了。

所以这让我想到鲁迅等前辈说的，人活着是苦的，人间是苦的。读这本书之后，充分地感到“人生之苦”。我也想到鲁迅的话，“深味人世间的悲凉”，在这部书里读到了悲凉。我们不是社会主义国家吗？新中国成立60多年[1]，改革开放30多年[2]，国家挣了那么多的钱，可是书里的人物年轻轻的，怎么就走上这个道路？一对“80后”的大学生，好好地谈着恋爱，怎么突然拔刀相见，把对方杀死了，这种事情一定要发生吗？

我特意问了戴所长，是不是从你就任以来，这里就有500多人？他说是，他来到这里就500多人，男犯人400左右，女犯人100左右。

“人生之苦”和“人性之美”是个矛盾，矛盾怎么解决，怎么来超越它？我觉得李迪用另一个因素超越它，这就是我的第三点感受：“人间之爱”。

①②该文写于2012年前后，此处保留原文，未做改动。

我们如何战胜人间的痛苦，有的时候明知道痛苦，就是自己管不住自己，就是因为自己有欲望，或者想着别人也是这样的。我觉得李迪写出《丹东看守所的故事》，他是去挖掘出了在押人员人性中的爱。**怎么发掘人的爱？得自己先拿出自己的爱。**现在我教育我的学生——以前研究生是不用教育的，现在不行，孩子们太幼稚，研究生也要打架，研究生也要教育——我说跟人家发生冲突先要吃亏，两个人骑自行车相撞了，第一感觉你要想对方不是故意的，永远想自己是没有道理的。我看北京市一位十佳出租车司机有一句名言“有理让无理”，明明我是有道理的，但是我要让着没有道理的，人要先拿出自己的爱和善，你献出自己的爱，人家才能把人家的爱拿出来，用爱来超越前面我所讲的“矛盾”。

其实管教的生活是非常平凡的，甚至有人说犯人是有期徒刑，管教是无期徒刑。在平凡中遭遇“极限情感”，我觉得是管教不平凡意义的所在。是日常生活，但是人经常陷入极端的思考。看守所这里跟监狱不一样，不知前途如何，有的人知道大限来临了，这就是人的极端思考。

参观的时候，我很注意看监室里穿蓝马甲的人——死刑犯，周围的人都穿着黄马甲，就他一个人穿蓝马甲，我就设身处地想，我要是那个人，我是什么心情；我是他旁边的人，又是什么心情。今天早上还说笑，可能明天早上走了。人三天两头就遭遇这种情境，假如我在这里关上一年两年，我都成作家了——这是观察人性极好的地方。我们的老前辈陈独秀说人生有两个好的地方，一个是研究室，一个是监狱，最希望出了研究室进监狱，他想得比较单纯，比较夸张，但起码说这是观察人性的好地方，这就被李迪给捕捉到了。

把丹东看守所放大，我们现在整个中国，就处在一个充满矛盾的时期，是一个苦乐交织、苦乐不均的时代，在我看来是一个杂色时代。我周一至周五每天中午在“第一视频”的“网络电视台”，做一档新闻评论直播节目。我每天评论六七条新闻，编导准备的新闻都是坏人坏事。以前是早上，现在是中午了。我跟他们提意见，我说能不能弄些好人好事，你们天天弄来一大堆坏人坏事弄得我心情很不好。他们说对不起孔老师，没有好事，都是坏事呀。我说你每天弄一条好事行吗，让我高兴地离开这里。

现在中国坏事挺多，是杂色时代，怎么办？我们绝望吗？现在中国人的思想有很多极端，特别是这两年极左思想和极右思想全部出现了，在网上表现得杀气腾腾，最极端的人士都觉得这个国家没希望了，都觉得这个国家只有美国来救。你美国拿什么救？不拿出仁义道德，就拿美国大兵能救吗？如果用仁义道德，我们自己就能救，我们中国人自己就有，何必假手于外人。

我觉得《丹东看守所的故事》，**用活生生的故事，讲出我们用仁爱是可以把中国整理好“磁盘碎片”的。**党中央要弘扬传统文化，以人为本，构建和谐社会，这些都是从儒家来的，**我们要从传统文化中找到仁爱，整理这个碎片，超越人性美和苦的矛盾。**

所以体会到这里，我觉得不应该把这篇评论命名为“读不下去的故事”。我想到了另一部伟大的作品，就是俄罗斯作家陀思妥耶夫斯基写的《罪与罚》。当年我读大学的时候，学俄罗斯文学史一个学期。读俄罗斯文学太痛苦了，老师讲得很快，每个礼拜讲一个大师，一个大师那么多长篇小说，《罪与罚》就是我最“读不下去”的小说，**那是灵魂的拷问，一个杀人犯不断地反思自己，不断想为什么杀人，人性是怎么一回事，很折磨人。但是他通过杀人犯的故事，把人性反省到非常深的地方。**

李迪写的《丹东看守所的故事》，可以看成是“当下中国的罪与罚”，犯罪当然要惩罚，该判死刑判死刑。当然惩罚不仅仅是判刑和限制自由，怎么样才是真正心灵的惩罚，惩罚的目的何在？过去有句话叫“惩前毖后，治病救人”，还是要救人，也要救其他的人，还要救这个社会，达到那个“罪与罚”的拷问程度。

杀戒为谁开

十多年前，孔和尚经常在央视一带流窜，动不动就对媒体巨头们大开杀戒。像赵忠祥大叔啊、倪萍大姐啊、朱军老弟啊、董卿老妹啊，都是俺隔三岔五调侃的对象。他们都是厚道人，不论当面还是背后，听到我的讽刺挖苦从不生气。倒是有一次俺信口说了句“赵忠祥大叔代表了央视的文化水平”，本来是夸赵大叔的，结果把整个央视都得罪了。他们“报复”的手段不是封杀俺，而是光请俺去做节目却不给钱。在这种葛朗台作风逼迫之下，孔和尚开始认真琢磨，央视难道真没有比赵大叔更有文化的人啦？

于是，在这场血雨腥风的文化对决中，我认识了央视著名编导俞胜利。

俞胜利老实巴交，肩头不扛摄像机，脸上没留大胡子，没有一丝一毫的“媒体范儿”。根据孔和尚对古今中外“典型人物”的深厚研究，凡是干啥不显摆啥的人，皆非等闲之辈。果然，已经推出一系列著名电视制作的俞胜利不跟我谈电视，而是默默送给我一本他的小说集《亮眼》，作家出版社 2000 年版。客气地说了些“请指教”之类，他就缩回角落继续聆听专家发言了。

孔和尚几乎每天都收到新书，虽然能够坚持做到每书必翻，但翻后大多都送到更合适的地方去了。这本《亮眼》回家后还是一翻，结果这一翻不得了，眼睛真的亮了。书中的几篇小说都令我叫绝，《亮眼》《老六》《舅母》等，完全是大家气象。正好俺在北大讲现代文学讲鲁迅，缺少一组当代的小说跟现代进行比较，于是就以《亮眼》为例，给学生讲解了“鲁迅笔法”与意识流结合后，在当代依然是一柄解剖国民性的利刃。杀戮是文学的惯用题材，但一般通俗小说写得太肤浅，精英小说写得太激动。**从鲁迅到金庸之所以写得好，是因为他们发现了杀戮的本质性秘密但又沉得住气。换句话说，是他们拥有了大开杀戒的权利也拥有了大开杀戒的武功，但是却毅然在半空中，停住了那寒光凛凛的刀锋。**

我把自己的感受和讲课内容告诉了俞胜利，他很高兴。从他比较节制的高兴中，我估计他在央视是没什么知音的。央视对他的重视，是因为从《天下粮仓》到《大宋提刑官》等一系列轰动的电视剧。那些电视剧当然都是佳作，有的我也写过评论。但人们不知道，没有《亮眼》那样的小说做功底，就不可能有发现优秀影视作品的一双“亮眼”。

后来我又在北大的课上讲过一次《亮眼》，恰好赶上俞胜利评职称，我就在学校开了一份证明书，证明俞胜利同志的小说《亮眼》曾经在北京大学的文学专业被列入授课内容。也不知道对他有帮助没有。我对俞胜利说，你的小说绝对经得起时间的考验，只是在这个时代，不拍成影视，就只能“养在深闺人未识”也。后来，**我去给《百家讲坛》栏目当军师，接着又亲自出马打江山，**我跟俞胜利就大约有十年没见面了。只是在旧书网上看见，签名本的《亮眼》，已经卖到150元了。

前不久，有人邀请我参加新片《杀戒》的新闻发布会和看片会。孔和尚研究武侠都研究腻了，对打打杀杀早已不感兴趣，本不想去。但是他们说，主演刘烨和倪妮都出席，你不想看看倪妮的玉腿有多么细吗？孔和尚最怕别人说俺假清高，于是只好随喜。进场一看大屏幕：“根据俞胜利小说《亮眼》《老六》改编”！孔和尚双掌合十，阿弥陀佛，洒家当年真是佛眼也。

有顷，俞胜利和几位主演以及导演竹卿入场。孔和尚握着俞胜利的手说：“怎么样？当年我没看错吧？”俞胜利还是那份宠辱不惊的德行，控制着已经咧开的嘴角说：“多谢教授的夸奖！是刘恒改得不错，导演导得不错。”我也称赞制片方把该片定位于“中国第一部疗爱电影”，宣传语**“放爱一条生路”**，相当有创意。发布会上请来了美女爱情专家和一排小清新风格的护士，非常养眼。

晚上看罢电影，心情比较激动。这是一个当代中国“被侮辱被损害”的故事。

刘烨饰演的小城配种站的业务带头人兼帅哥，业余诗人，号称山寨“普希金”，拥有几乎一切优秀男人的素质，但就因为家里是农村“杀猪的”，便命里注定般与幸福无缘。倪妮饰演的幼儿园钢琴美女，本来跟他很般配，但第一受不了他农村家里的卫生条件，当面侮辱了他的全家，第二更可怕的，这位一心向往“上流社会”的美女，是被一个上流社会的流氓给抛弃的，而且还怀上了那个流氓的孩子。她以母爱为借口，掩饰自己的阴暗心理，以欺骗手段嫁给了配种站的“准站长”“普希金”。

孩子出生后，她不顾丈夫和孩子，红杏出墙。“准站长”的生活被彻底毁坏，导致工作失常，发生事故，站长的位置也被势利小人夺走。尽管“普希金”竭力忍辱负重，甘当乌龟，但美女终于以“粗俗”为由跟他离婚了。剩下的唯一希望是孩子，是父子之爱。但为了夺走孩子，美女在法庭上宣布了孩子的真实血缘。小城“普希金”当庭昏厥，立仆。

于是银幕上的“杀戒”开演了。“普希金”回家取来杀猪刀，冷冷地步入奸夫淫妇共欢的豪华浴场，一刀、又一刀，血水染红了整个泳池。此刻我想起前些年流传的《普希金日记》，普希金一再勾引那些上流社会的淫娃荡妇，与她们进行最为淫乱的狂欢，让那些美女的口中吐出最下流的粗话，其精神实质，不也是一刀一刀地向上流社会复仇吗?

然而镜头一翻，银幕上的“普希金”蓦然惊醒，原来大开杀戒，不过是南柯一梦，是他心造的幻影。现实中的他，尚未出发。

配种站的“普希金”，满怀被别人配了种的奇耻大辱，怀揣杀猪刀，在雨夜来到了仇人的窗前。他看到软黄的灯光下，祥和恩爱的母子。如果不晓得那美女的卑污历史，那简直就是一幅圣母图。温柔的母爱，纯洁的童颜。于是“普希金”转身离去，走到桥边。一柄沉重的杀猪刀，随雨水静静落入河心。影片结束，伴随着深沉的乐曲，是一组搞笑的演员拍摄花絮。

走出影院，京城第一策划人江小鱼先生问我：“老孔，是谁不让他杀人啊？”我听出江小鱼话里有话，就随口答道：“是爱吧，是爱心感动了他。”江小鱼一乐：“是审查！”我哈哈一笑，很佩服江小鱼的“亮眼”。

也许有人对这个结尾不满。但我想，这样的结尾才有分量，艺术兼道德的分量。倘若当真开了杀戒，且不说“粗俗”与“野蛮”的美学纠葛，那是解决问题的不二法门吗？佛祖并非一味否定开杀戒，庙前的四大金刚、庙后的韦陀菩萨，都是开杀戒用的。但从鲁迅到俞胜利，似乎都更想跟我们讨论，杀戒因何而开？杀戒为谁而开？

普希金说：“假如生活欺骗了你，/不要悲伤，不要心急！/忧郁的日子里须要镇静，/相信吧，快乐的日子将会来临。”这首诗可以正面理解，也可以反面理解。正面理解有点像阿信，反面理解有点像阿Q。

鲁迅写阿Q时，特别强调了周围看客的眼睛，俞胜利的小说也很注意眼睛的一亮。影片《杀戒》给人留下深刻印象的，也是刘烨的刀锋一样的眼神。**熟读武侠的人知道，杀气并不在刀上，而在眼睛上。眼睛亮了，世界才会亮，恩爱情仇才会亮。这就是文化。**

如此说来，杀戒二字，不能简单解读为“戒杀”。戒不过是止。《大学》曰：“知止而后有定，定而后能静，静而后能安，安而后能虑，虑而后能得。”那么我们考虑了半天“杀戒为谁开”之后，究竟“得”了什么呢?

人道的庄严

——读《藏獒》[1]

我很钦佩人民文学出版社，他们不知有什么魔法，每年都能整出几部长篇小说力作来，而其中至少有一部能够打动我、撼动我、激动我。青岛作家杨志军的《藏獒》便是这样的一部。

关于《藏獒》所要企及的人文关怀宗旨，该书扉页上的那句话已经透露得很锋芒：**“人总想把自己变成狼，人性就只好让狗替我们珍惜？”**怀着这样的愤慨，作者惊心动魄又柔肠百转地讲述了一头极品雪山狮子藏獒——冈日森格，是怎样在充满鲜血和仇恨的西结古草原上，历尽九死一生的磨难和天惨地绝的厮杀，战胜不可一世的霸主——虎头獒王和魔鬼一般的超级藏獒——饮血王党项罗刹，成为西结古草原最后一代獒王，晚年又在人间的

①本文所引《藏獒》为2005年版。

仇恨中英勇死去的。

作家笔力遒劲，字字含情，融英雄气魄和菩萨心肠于一体，时而低吟时而高歌着他所无比崇尚的藏獒精神——精忠报主，见义勇为，英勇无畏。

小说多处论述到狼与藏獒的本质区别——**“狼一生都为自己而战，藏獒一生都为别人而战。狼以食为天，它的搏杀只为苟活；藏獒以道为天，它的战斗是为忠诚，为道义，为职责。”**

“狼一生都在损害别人，不管它损害的理由多么正当；藏獒一生都在帮助别人，尽管它的帮助有时是卑下而屈辱的。狼的一贯做法就是明哲保身，见死不救；藏獒的一贯做法是见义勇为，挺身而出。狼是自私自利的，藏獒是大公无私的。狼始终为自己而战，最多顾及到子女；藏獒始终为别人而战——朋友、主人，或者主人的财产……”

这些爱憎分明的论述，与高潮迭起的故事和背景中青藏高原的奇光异彩结合在一起，就产生了令人回肠荡气的阅读效果，那种对“狼道”的谴责和批判也就在字里行间弥散出一股英姿勃勃的庄严。

应该毫不犹豫地说：这是人类文学史上绝对一流的动物题材作品，论写实、论象征，论理念、论文采，都是佼佼不群出类拔萃的。

小说塑造的几个藏獒的典型形象，已经足可与经典作品里那些典型的人物形象并存于世，小说弘扬的那种价值观念，也必在中国的上空留下久久的回响。

不过，当我从强烈的阅读快感中逐渐平静下来之后，觉得有一点需要指出：藏獒之道并不等于“狗道”，藏獒精神并不等于狗的精神。藏獒之道虽然不同于“狼道”，但二者也未必就是决然对立、冰炭不容的。其实，所谓“狼道”“狗道”，不过是这两种动物各自的生存原则，本无道德是非可言，或者说跟“人道”一样是界定不清的。

什么是人道，什么是人道主义，人们不是历来就有分歧，历来就有争论吗？人们也正是按照各自所理解的“人道”去理解“狼道”和“狗道”的。大家所谈论的狼道狗道不过是“某种人道”的代名词而已。

其实，狼道和狗道在人类道德史上的多数时段内，名声都不甚佳——“狼心狗肺”这个成语是最好的注脚。

无论游牧时代还是农耕时代，狼是坏蛋、狗是奴才的观念绝对是主流的社会认识。

只是到了工业时代和信息时代之后，狼的威胁没有了，狗的功能转化了，人们才开始超然于经济生产的利益之外，把狼和狗的形象艺术化、文学化。

强调个性解放、强调孤独的英雄、强调野性的生命力、强调团队协作精神时，就呼唤崇拜狼图腾，就深情吟咏着“我是一匹来自北方的狼”。

鲁迅也是在这个意义上，把不被愚众理解的孤独的先觉者比喻为“一匹受伤的狼，当深夜在旷野中嚎叫，惨伤里夹杂着愤怒和悲哀”（《孤独者》）。

而当强调忠诚、强调温情、强调优雅的生活情趣、强调生命之间的友谊和交流时，人们就深情地讴歌狗，把狗说成人类最好的朋友。

许多军犬警犬的墓碑上都镌刻了感人的赞美之词，有的富翁把百万遗产留给爱犬，还有像苏联电影《白比姆黑耳朵》那样的狗题材的文学精品。

其实这些都是人类做给自己看的，狼和狗又“何言哉”？曾有报载两户人家为他们的宠物狗举行婚礼，场面豪华，喜烛高照，但喜气洋洋的还不是狗的主人？狗新郎狗新娘自己不过是猪八戒吃人参果而已。

回到《藏獒》这部小说上来看，我认为作家所高举的藏獒精神，更准确地说，应该是一种超越于狼道和狗道之上的“庄严的人道”。当作者酷爱藏獒的父亲晚年寂寞时，作者“曾经从报纸上剪下一些关于藏獒集散地、藏獒繁殖基地、藏獒评比大会和藏獒展示会的消息，送给父亲，希望能带给他快乐”，而他父亲却说：“那还是藏獒吗？那都是宠物。”可见，认为自己的灵魂也是一只藏獒的父亲，清楚地知道藏獒不等于狗，不等于“优秀的良种狗”，在他的心中，“藏獒已经不仅是家兽，不仅是动物，而是一种高素质的存在”。

这种高风亮节的“高素质”，本来狼也有、狗也有、人也有、万物皆有。但是，当现代社会席卷了苍茫大地，连人迹罕至的雪域高原也不能幸免以来，那种顶天立地的风骨就和草原一样退化了。狼成了小偷，狗成了小丑，人成了小资。

鲁迅所说的“皮袍下面藏着的‘小’”，现在都伴随着重金属的轰鸣粉墨登场了。所以说，藏獒象征着我们古老的血液中潜藏着的那份人道的庄严。这种“体大赛驴，奔驰赛虎，吼声赛狮，威仪如山”的藏獒，那种高贵典雅、沉稳威严的风范，那种大义凛然、忠诚神勇的精神，都与传说中的英雄好汉一道，“成了我们永恒的梦念”。

狼道有好有坏，狗道有优有劣，人道也有高尚有卑下。在全球化瘟疫污染了每一寸空间的今天，值得担心的是我们丢弃了狼道狗道中高尚的部分，而把狼道狗道中卑劣的部分变本加厉地发扬光大着。我们自私，我们卑怯，我们在弱势群体面前是狼，在霸权主义面前是狗，我们既蛮不讲理又奴颜婢膝，我们怎么好意思去瞻仰圣洁的青藏高原？我们哪里有脸面去仰望五星红旗？

当我在奔赴黄河源头的青海公路旁揽住几个藏族的孩子，他们黑亮的脸和白亮的牙齿向我展示了什么叫淳朴。当一头可以咬爆轮胎的藏獒狂追着我们的越野车直到把我们驱逐出它家的领土，它雄伟的身姿向我展示了什么叫尊严。

藏獒是不能离开雪山草原的，即便是马俊仁所豢养的那头世界闻名的价值上千万元的“特号”，也已经不是真正意义上的藏獒了，虽然看上去威风凛凛的，但总给人一种“老骥伏枥”的感觉。凡是弘扬的，往往就是消逝的。

我想我和杨志军、马俊仁们一样，说不清是悲悯，是缅怀，是幻想，还是希冀——藏獒精神不死，英雄情怀长在，就如饮血王党项罗刹死而复生变成善金刚一样，庄严的人道终会浴火重生，普照在血雨腥风的大地上。

书者药也

立在心上的碑

——祝贺钱理群师完成三部曲

敬爱的钱理群老师及各位同仁：

因我身在外地，不能与会，深表歉意。在此衷心祝贺钱理群老师以《岁月沧桑》的出版，完成他多年心愿“知识分子精神史”三部曲。

钱老师的三部曲，是在学界同仁和学生们的关注中逐一问世的，从1996年到2016年，前后经历了20载，这本身就是一个“岁月沧桑”。前两部《1948：天地玄黄》和《我的精神自传》，已经成为学术经典和文化经典，我相信加上这本《岁月沧桑》，会使钱理群老师像他笔下论述的那些知识分子一样，留在中国的灵魂史上。

钱理群老师的研究，是“人剑合一”的。他是将自己的生命燃烧在研究的过程中，自觉做到了儒家所倡导的“修辞立其诚”。

无论是否赞同他具体的观点和论断，人们都会敬佩他的精神和良知。几十年的学术生涯过去，钱老师已经成为中国文化界的一面旗帜——尽管钱老师本人并不喜欢这样的定位。

钱理群老师的研究，是充满痛苦的。他一方面像鲁迅所讲的“抉心自食，欲知本味”，另一方面又时时追求突破自我，完成某种历史使命。这就使得他的笔下充满纠结与冲突，他在展示别人的时候，同时也袒露了自己。尽管钱老师不喜欢过多地谈论自己，但他事实上已经成为中国当代文化的话题之一。他追求精神境界的独立不群，但在现实生活中无奈地被卷入各种政治漩涡，他的文章和讲演，经常被断章取义和以讹传讹，用作蒙人的招牌甚至是打人的棍子。

钱理群老师与大部分同时代学者相比，具有宝贵的自知之明，无论从知识结构还是个人性情，他都多次指出自己的局限。因此就像三部曲总序中所写的那样，他真诚地期待后人。但是后人未必能够延续钱理群老师的工作，因为这工作是钱老师一生的思想结晶，没有相同的历史境遇，可能对钱老师的文字只能提出隔靴搔痒的泛泛之论。

当钱理群老师开始他的三部曲的时候，他探讨的问题，还在一定程度上合乎时代的风尚。而二十年后他完成这个三部曲之际，时代已经从“玄黄”走向了“沧桑”。大部分为生存而挣扎的年轻人对他所探讨的问题顶多只是当作一种文化谈资。这在客观上使得钱老师的著作减少了锋锐，增加了厚重。钱老师有篇旧文叫《压在心上的坟》，我相信“知识分子精神史”三部曲能够成为立在心上的碑。

祝钱理群老师继续健康地生活，快乐地写作！

孔庆东

2016年11月5日

老百姓的“离骚”

——序《东隅拾桑》

今年五一过后，收到我早已毕业的研究生张彦的电邮，请我为她的公公尤祥广的回忆录写篇短序。我的学生都知我特别忙，很少用私事打扰我，张彦在我的学生中属于尤其懂事的，提此请求，必有特殊缘由。我看了她的长信，原来尤祥广大哥今年刚届花甲，却被查出身患胃癌。张彦说：“他生病以后，对人生有了截然不同的全新感悟，争分夺秒地与时间抗争，与病魔作战，用一周多的时间写出了一万四千多字的长篇回忆录。回忆录全部采用七言体，回顾了他的有点无奈也颇具辉煌的一生，并对从政、为官、做人做事提出了许多切身体悟。与此同时，他还创作了三十余幅书法作品留给亲友后辈……”

看到这里，我当即就答应下来，次日便把一万多字的七言诗读了一遍。但是读完了，却无从下笔，因为我第一次读到这样的“回忆录”。我历来给人写序，总喜欢从作品中挖掘出深刻的思想或者精妙的技法加以评析赞赏。然而，老尤的语言普普通通，字里行间没有任何超越于时代之上的“卓见”，几乎就是把想到的意思毫不提炼地凑成七个字一句七个字一句，押韵就行。可是，这个长篇“辘轳体”却分明打动了我。我一时想不清为啥被他打动，便被其他杂事裹挟而去了。

过了一个多礼拜，我抽空又读了一遍，忽然醒悟，我就是被老尤的“普普通通”打动了。像我这样的脱离劳动人民之人，自觉不自觉地，总是追求“不普通”，这也没什么不对，但是追着追着，就容易忘本，就容易飘起来，轻者自我膨胀，麻木不仁，重者甚至会目迷五色，数典忘祖。

就拿对待文学艺术来说，我会赞赏“帝高阳之苗裔兮，朕皇考曰伯庸。摄提贞于孟陬兮，惟庚寅吾以降。皇览揆余初度兮，肇锡余以嘉名；名余曰正则兮，字余曰灵均。”赞赏的同时，觉得自己很高雅。

可是，当我读到老尤的“尤氏祥广字墨缘，家住江苏睢宁县。王集尤庄东尤组，门牌十三挂房前。生于一九五三春，今逢本命花甲年。本一草民老百姓，一生事儿平凡凡。”忽然一拍桌案——这跟屈原有区别吗？其实屈原说的本来也是那个时代的大白话，我们隔了历史的长河，总觉得对岸的大标语格外高雅，忘了我们身边的大白话，在另一个时空看来，可能也是“离骚”。

老尤跟屈原比，当然普通得多，也幸福得多。他没有人家那

份“屈”，但占了人家那份“原”。

老尤一生，该得到的都得到了，不该得到的则毫不贪婪。可以说是学而优，仕而廉，富而仁。张彦介绍说他是“江苏省劳模，一个很有理想、能力和才华的乡村医生。他为人正直、爽朗、善良且有很强的组织管理能力，曾经担任多年的村支书，备受群众好评。乡里、县里的负责人多次开车到村里亲自请他出山担任公职，但由于看不惯地方上的贪腐行为和官场的勾心斗角，他拒绝了从政的机会。但即使退而求其次，从事乡村医生的工作，他仍然依靠自己的勤劳和智慧，在20世纪90年代初就拥有了百万财富。这恐怕是改革开放后第一批富起来的人。”

老尤自己一生无愧，儿孙也都健康喜人。“二个儿子都争气，上学都是顶顶尖。尤健本科上南工，尤康北大又读研。一个成家在苏州，一个立业在京城。妻子都是好同学，志同道合结姻缘。两家都有小宝宝，三口之家暖融融。”这里说的小儿尤康，也是我们北大中文系毕业的研究生，系里的老师评价很好，当年追求我的研究生张彦，还蛮费了些周折。现在看来，似乎颇得了乃父的真传：执著、自信、乐观、通达。

老尤年轻时，日子过得紧，他对那个时代不免有很多牢骚，所以讲了些很合乎当今主旋律的话。但他在后记里真诚地坦白了虚构的“文革”情节，令人尊重。更为难能可贵的是，他敢于揭露“计划生育第一难，群众接受有怨言。扒屋扒粮连罚款，牵牛牵羊又逮人。”

这些掷地有声的大白话里，跳动的不正是一颗屈原的心吗？我仿佛听到了“不抚壮而弃秽兮，何不改乎此度？乘骐骥以驰骋兮，来吾道夫先路。”

我经常收到各地读者的来信，特别是一些基层干部、能人和文人墨客，喜欢跟我这个自称“和尚”的学者交流。我从中深切感受到，祖国各地藏龙卧虎，他们有才、他们爱国，他们既为自己的幸福而忙碌，也为国家的未来而思虑。如果我们社会的体制畅通、风气端正，不让他们成为“屈原”，那么，他们就是国家最宝贵的财富。

你看老尤这人，一边做着化疗，一边还能写出这等长篇七言回忆录。倘若国泰民安，四海升平，给他一个阿基米德的支点，真不知道这位大哥能折腾出啥来呢？

老尤最后写道：“闲看落花淡想事，钻营太过累死人。世上最好是知足，不为富贵熬尽神。君子之怀天地宽，小人之心针眼尖。不求此生名利大，平平淡淡才是真。今生经历诸多事，寥寥几笔简单记。欲知今后我怎样，待我十年再续篇。”读到这里，我想说，老尤大哥啊，你已经开创了一种崭新的回忆录文体，我替你命名为“平民离骚”。十年以后，你不但自己要再续新篇，而且还要将此文体普及推广，让千万个普普通通的公民，都能用轻松直白的家常闲话，“叙一叙身世”，“表一表家园”。用你的名字来讲，这件事的意义，可尤其是祥和而深广也。

鲁迅有《朝花夕拾》，老尤有《东隅拾桑》，其实都属于“离骚”。

只有少数人能写离骚的时代，是民不聊生的时代。希望从老尤开始，让我们能够看见，多数人能写离骚的时代的曙光。

（本文发表于《中华读书报》2013 年 9 月 11 日，有删改）

祖国需要特高压

——评商泽军的长诗

我对商泽军不熟，我对特高压更不熟。我只是高兴地看到，今天我们国家又有诗人满怀深情地歌吟祖国的建设，这种歌吟和歌吟背后的热情，是比那建设本身更令人感动的。

小时候我有一本连环画叫《雪夜融冰》，方瑶民的作品。内容讲的是60多岁的老红军鲁炳炎解放后在山区当供电所长，他以红军精神爱岗如家，兢兢业业。为了照顾他的健康，上级调他到省里工作。刚要办理移交时，突遇特大风雪，输电线路有拉断的危险。鲁炳炎当即带领年轻的新所长上山检查。他们战胜酷寒和风雪，终于保护了线路的安全。

对于我这个爱看“打仗”题材的红小兵来说，此书的情节没多大意思，但这个故事我却终生难忘，要知道北方之雪并非如某些南方朋友想象得那样“一吹就散”，而是到处都厚厚堆积着，而且冻成冰后极其坚硬，斧头都砸不碎。高压线上有时候会冻上直径一米半的大冰柱！

但是用毛泽东思想武装起来的电业工人，硬是克服了种种艰难险阻，在崇山峻岭之间融掉了巨大的冰柱，保证了工厂、矿山、铁路、医院和普通居民的用电。当他们迎着朝阳归去时，我这样的孩子们正吃完早饭打雪仗呢。

这个真实的故事在那个时代是经常出现的，我们当时不以为奇。几十年之后，当温家宝总理号召众志成城抗击雪灾时，许多人不约而同地想起了那本薄薄的已经升值一百多倍的“小人书”。

我在课堂上对学生讲，只有社会主义的文学才能真心赞美劳动、赞美建设、赞美工作，因为社会主义的劳动人民“工作着是美丽的”，人与劳动是合一的，仿佛武侠小说中讲的“人剑合一”。

而资本主义的文学艺术，没有赞美劳动、赞美工作的，因为他们的劳动就是为了谋生挣钱，人在劳动中是异化的，所以尽管创造了巨大的财富，大多数人却没有在工作中感受到幸福，而是要到工作之外去寻欢作乐，发泄自己的孤独、痛苦和变态心理。因此，资本主义国家才有了那么多的诅咒资本主义的文学，才有了那么多让人读后压抑、愤懑、暴躁的文学。

我们不需要在这方面亦步亦趋地跟着人家走向日益变态，而要保持我们的长处，特别是要弘扬那些健康的文学、充满阳光的文学、人民大众喜闻乐见的文学。

在这样的认识背景下，我读到了商泽军的一系列“主旋律”

长诗。他写奥运，写国殇，写决战，写飞翔，他把一个共和国公民的责任感和爱国心倾注到整个国家的喜怒悲欢上，他的心随着祖国的宏大脉搏而跳动。

有些人对“主旋律”文学不屑一顾，觉得都是“官样文章”。其实正如我在博客里所说：任何国家都有“主旋律”文艺，当主旋律与人民的利益一致时，主旋律就是正义的和强大的，否则就是偏颇的和虚弱的。而如果希望一个国家的主旋律是昂扬的、民主的、健康的话，正确的态度就不是自命清高，更不是盲目诋毁，而应该积极参与，善意批评，让我们的主旋律成为给人民群众输送大量精神营养的“文化高压电”。

2008 年，商泽军获得《人民文学》年度诗歌奖，我在发言中高度评价了宏大题材写作对于当今中国的意义。当然我们必须注意，宏大的题材要与精细的技法紧密结合。在这个问题上，不仅艾青、李季、贺敬之是我们的榜样，陈寿、班固、司马迁更是我们的榜样。我希望商泽军和其他诗人一起，继续拓宽艺术视野，加深艺术锤炼，不断自我充电，也不断为祖国的文学事业充电，在中华民族的伟大复兴历程上，留下波澜壮阔的交响乐章。

现代文学“凌乱”史

吴福辉老师的插图本《中国现代文学发展史》（北京大学出版社 2010 年 1 月版），祭灶那天就供在我的案头了。但仿佛王阳明格竹子，读到除夕，也没憋出应该写点什么。褒扬的话，严家炎、钱理群、陈思和诸位老师都写在封底了。灵动活泼、别开生面、表图结合、个人写作、多维视角、立体开放，几乎已是全面的赞誉。硬要鸡蛋里挑骨头讲几句“坏话”吧，挑了半天，还是找不出坏的证据。我想，不如跳出毁誉，就“客观”地从孔某本人的感觉出发，说说此书与其他已有的现代文学史的不同吧。

我的感受，一言以蔽之，曰“凌乱”。这个加了引号的凌乱，不是字典上“杂乱无章”那个意思，而要分开来读。“凌”是说视点高，有凌云之态；“乱”是说用意深，故意打乱。

所谓视点高，何以见得？以往的现代文学史，或者从毛泽东的《新民主主义论》入手，或者从鸦片战争以后的中国社会形势分析入手，或者从全球现代化的西风东渐入手，难道视点还不够高吗？孔某答曰："是的，不够高。因为那只是旗子举得高，不代表旗手本人站得高也。"视点要高，这不是说到就能做到的。否则谁不会高举一面意识形态伟大旗帜？又何来"限高三米"的笑谈？本人一向主张，学术高度要以学术的深度广度宽度厚度为基础，深广宽厚了，自然就高了。便如荀子《劝学》所谓："积土成山，风雨兴焉；积水成渊，蛟龙生焉。"

吴福辉从事现代文学研究30多年，参与过多部文学史的写作，又利用长期担任现代文学馆"祭酒"的身份之便，积累和掌握了大量的可靠资料，潜心琢磨，立志高远。跟吴老师开过会的同行都知道，他待人谦和如老伙计，做事周到如老书记，对千奇百怪的学术观点，均尽力包容，不存偏见。

孔子"入太庙，每事问"，吴老师是"入会场，每事问"。他从作家、时段、流派、都市等多个视点进行过大量的"单维"研究，所以才有今日的"高视点"多维成果。好比一位从军30多年，分别指挥过大量陆海空军作战的将军，早晚有一天可以指挥三军立体的大战役，就看他愿意不愿意而已。

这本文学史的视点高，表现在不从单纯的"文学"来看文学，也不从单纯的"文学与社会""文学与政治"的"二饼视角"来看文学，而是以一种全景俯瞰的视点，首先看取现代文学发展的整个人生空间，然后抽取出其中的"文学"来加以论述。

全书分四章四十节（相当于一般文学史的四编四十章），第一节居然从中国最早的“报刊一条街”上海望平街开始讲起，这不仅仅是“别开生面”，更重要的，是把“文学”从人生的大锅里连汤带汁地捞起来了。围绕着文学，作者注重媒介、注重都会、注重语言、注重其他艺术门类和整个“文化场”。这是钱理群、杨义等先生一直倡导的“大文学史观”的体现，也是对多年来有点泛滥的“文化研究”的一种纠偏。

视点高了，看得就全面、平衡、公允，看得就心平气和。正如书中之言：“在多方的、错综的文学冲突中，我们见到了一个真实的世界”。这在吴福辉当年出版《且换一种眼光》时，我就觉察到了。但与此相关的问题是，视点高了，就稍微有些“闲适”气象流露出来。叙纠葛少下断语，与对象保持距离，这不能简单地说好或者不好，我更愿意从中国现代文学研究的现状来看待这一隐微的“讯号”。当下的现代文学研究，理论和资料都充足到几乎过剩，但是我们与研究对象之间的关系，却成了一个困扰着学者的话题。或许这种高一点、闲一点，恰好是今天所适宜的吧。

说完“凌”再说“乱”。本人也参与过文学史的写作和策划，也发过和听过“一定要打乱”的高论。**世间万物，总是循环在有序无序之间**，打乱者，对既有之序不满也。但著书立说，本身是要有序的。打乱人家的序，你自家的序何在？

毛泽东的《反对党八股》，恰恰写了八条，他是要打乱一种僵化思维，不是要推崇“杂乱无章”。有些文学史，立意打乱，但却没有自己的章法，结果弄成了丫鬟批判夫人，穿的还是夫人的衣服，说的却是丫鬟的话。

吴福辉这本文学史，首先你会发现，目录里没有一个人名。鲁郭茅、巴老曹这些如雷贯耳的“大家”，一律没有。要找他们，自己看正文去。这就是一“乱”。我称之为真正的“消解大家”。其次，没有清晰整齐的文体和流派沿革脉络，这意味着该部文学史不是“文体史”“流派史”的汇总。

在钱理群、温儒敏、吴福辉合著的《中国现代文学三十年》1998年修订版中，每个十年都增加了一章通俗文学的论述，那是出自吴福辉的手笔，我当年曾给予高度赞扬。但吴老师这本文学史，将所谓“新文学”与“通俗文学”也一并打乱。我在评价范伯群老师的“双翼齐飞”论时，就认为这是一个阶段性的学术战略，将来我要写一部打乱两翼的文学史，不料想却被70岁的吴老师提前出锅了。

这部“发展史”，不以某种固定文学因素的“发展”为线索，而是以现代文学的“整体发展”为线索，所以晚清就独占了一章和1/6的篇幅，然后的三章基本上是个新版的“三十年”，但绝对是耳目一新的三十年。所以他谈五四启蒙，是从话剧开始、以武侠结束的；他讲1930年代，标题是“多元共生”（范伯群老师的关键词），从鲁迅南下开始，以外国文学译介结束；他写到40年代，从“战争流徙之下文学多中心的形成”开始（这一点继承了《中国现代文学三十年》），以农民和市民的大众文学结束。

吴福辉不仅打乱了小说、诗歌、散文、戏剧，而且打乱了解放区、国统区、沦陷区，打乱了士农工商左中右，真正把过去的线性叙述变成了“网状图景”。这种写法假如是一份博士论文开题报告的话，恐怕所有的导师都会以乱七八糟的罪名给枪毙掉的，只有那些堪称“导师之导师”者，才会“乱云飞渡仍从容”，透过乱沙见真金。

因为吴福辉唯一没有打乱的，是“发展”。随着阅读的展开，你分明听到了现代文学有力的脉动、见证了现代文学鲜活的年轮。我耳边响起王瑶先生1988年在青年学者创新会上的“织毛衣”论：“你看那个女同志织毛衣，你看她上七针、下八针，好像织了个乱七八糟，其实一点不乱，织完了领子是领子、袖子是袖子，漂漂亮亮的一件毛衣。”这部文学史，便是这样的一件漂漂亮亮的毛衣，又像是各声部齐头并进的一首四章交响乐。

古人形容真正的美人，“粗服乱头，不掩国色”。但这部文学史的乱，颇有点随心所欲不逾矩的高境界，所以在我看来，可能不适合一般高校的本科教学，而适合研究生和教师进行专业阅读。特别是作为一部“插图本”著作，那些难得一见的珍贵照片和书影，还有作者精心制作的图表，都对专业人士功德无量。新世纪以来，现代文学研究领域的“全景类著述”，除了范伯群老师的大作，我看就要数吴福辉这部了。

这篇书评，初衷是想“客观”，但行文至此，发现早已情不自禁流露了偏爱。“乱”字还有一个义项，即乐曲或辞赋的末段。那我最后就抒情两句：希望中国的现代文学研究，以此作为一个“凌乱”的开始。乱曰：重写已死，凌乱当立；岁在虎年，天下大吉。

大哉孔子

——序《孔子诞辰2560周年纪念书画集》

孔子是谁?

孔子不是那个“威而不猛”的半温文半草莽的“平民教授”,也不是那个被呆呆地供奉在文庙里、保佑学子考场如意的泥塑爷爷。

孔子,他是我们每个华人精神血脉的一缕一丛,也必将发展成每个世界公民精神血脉的一枝一干。

孔子创立的儒家思想,已积淀为华夏文明的深层结构,对中华民族的思维方式、价值取向、理想人格、心理习性、行为操守等,产生着潜移默化的影响和作用。

其伟大之处更在于,能够超越所处时空,上承远古、下启百代,普惠东亚,辐射欧美,成为全人类最重要的文化板块。

传统文化,乃现代文化的出发点和今人赖以生存发展的精神底蕴，它应存活于国人心底，存活于国人的日常言行，存活于国人的信念与价值关怀中。

孔子曾慨叹历史“逝者如斯夫”，其实文化亦如浩浩汤汤之大河，惟前后相续，传承不歇，方有活力，方能恒久延绵。

在全球化浪潮的冲击中，我们无疑面临着自身宝贵传统应如何发扬光大的严峻课题。惟此，传统文化的一播一扬，皆意义非凡，任重道远。不仅需要像孔子那样勇毅坚进，更需要各领域仁人志士、需要各群体中的大量普通工作者，持之以恒，以“反抗绝望”的姿态去垦拓耕耘。除孔子学院、文化讲坛等直接的教育方式外，还需通过更加多元的途径，将孔子为代表的中华思想精髓及时有效地传递出去，将深刻的精神理念转化为厚实的社会资源。以此观照，这本孔子纪念书画册的问世，便赋予我们一个饶有意味的启迪。

中国书法画艺，展现民族神韵之奇葩，承载传统文化之方舟，可谓千秋呈异彩，百域驰美名。新世纪以迄，士农工商，各界贤达，愈知孔子思想之珍贵，仁义礼智信之普世，纷致青睐，潜心攻研。从兹起步，瞻望未来，古今对话，中西交汇，神州万古之文脉，可沛然而通矣。

文化传播，非空言虚辞可立效。孔子曰：言而无文，行之不远。又诫君子以文质彬彬。大处着眼、细处落实，此正先哲之圣明。彼巍巍乎大哉之孔子，不在廊庙，不在逝波，而在薪继火传，代代不息中也。

书中有春

书中自有春光

妖蛾子王小柔

流浪家的自叙传

没有归属的白丁

语文教育要恒温

读书需要配伍

书中有春

书中自有春光

——《孔曰》签售会问答

主持人：今天在中关村图书大厦，举行《孔曰》图书作者与读者见面会和新书签售活动。虽然今天的天气非常寒冷，但是各位的热情，为寒冷的天气增加了不少暖意。那么，作为今天的主持人，首先请让我向大家表示感谢，感谢现场的各位朋友来到这里。今天我们将要走近的是《孔曰：未名湖畔花生树》和《孔曰：重帘不卷乱读书》这两本书的作者——孔庆东老师。希望大家通过今天的见面会更加了解孔庆东老师和孔老师的这两本书，还有他的其他作品。那么现在让我们用热烈的掌声欢迎今天的主角——孔庆东老师！（掌声）

下面就请孔老师为我们讲几句话。

孔庆东：这屋里这么安静、这么鸦雀无声啊？恍如来到一个

被双规的场合。（笑）

各位朋友大家好，今天是小寒节气。已经到了最该冷的时候了，可是我们这个中关村图书大厦内外，好像充满了春光，充满了春风，充满了春意。为什么一个卖书的地方，它有春意呢？**我想这春意不是从外边来的，大概是从书里边洋溢出来的。**能够来到这个场合的朋友，一定是爱书的人，爱读书的人。读书这个事情，到底有什么好处？我想，读书的好处就像我刚才说的——春光春意一样。

宇宙其实是寒冷的。人是活在宇宙中的，你可以想象一个更大的视角，你像孙悟空一样，一个跟斗翻到宇宙中，回头一看，茫茫宇宙一片寒冷。**暖气儿从哪儿来？暖意从何来？是从知识来，是从文化来。**因为我们有了点知识、有了点文化、有了我们辛辛苦苦建立起来的文明，这样，我们彼此才能够感到，这个宇宙还是比较温暖的。如果没有这个，你会觉得宇宙很寒冷。

《动物世界》节目中，每听到赵忠祥说“黑夜降临了”，我都觉得不论食草动物还是食肉动物，已经忙乎一天了，特别可怜。你想它们没有暖气，也没有被子，穿着一身自带的“毛衣”，一夜一夜地就这么度过。**动物的生活是寒冷的，而人的生活是温暖的，越有文化的人可能会越温暖。**

在今天这个时代，不用我说，大家都知道，可能理解最深的是图书大厦的工作人员——读书的人越来越少。当然这有各种信息技术发展的原因，但还有我们内在的原因。我们的科技发达了，生活条件好像提高了，可是你心里觉得暖意少了，大家经常需要去找一个地方互相取暖。

人们为什么都龟缩在QQ群里、微信群里？我在微信群里很少发言，但这是我观察人生的又一个好的视野。我发现微信群里的人，大多数都挺可怜的，其实他们一天到晚没有什么事，说的全是废话。就在我跟你们说话的这会儿工夫，我的微信群肯定又是几十条微信进来了，很可能是上百条，但大多数是废话。**人们为什么需要说这些废话呢？是为了取暖。**大多数人不敢走到更大的圈子里，不论什么左派啊、右派啊、吃吃喝喝派啊、蹦蹦跳跳派啊，不管什么派，**多数人喜欢跟自己思想感情、知识水平差不多的人在一起。然后满足一种虚幻的成就感，满足一种虚幻的自我价值。时间长了，只能是互相copy、互相模仿，思维高度一致化。在一致化的前提下，就互相比调门高。**

比如一个左派的群里比谁更左，一个右派的群里比谁更右，歌颂毛主席的，会比谁歌颂得更左。我认为极左、极右都是有问题的，它不利于人的身心健康，一定会让人走极端。所以人一定要走出小圈子。可是，很多人不敢，因为一走出小圈子，他就没辙了，他不会说那个圈子里的话啊。有时，明明知道某个人讲的是造谣的话，可是没有力量去反驳他。所以说，**要读书，读书真的给我们力量。**

也许我们中国传统的观念有一点问题，把读书这个事儿弄得挺神秘的，把读书弄得过于高雅、过于高尚。实际上，读书是分层次的。

读书这个事儿从最根本的意义上说，应该像吃饭一样，是我们每天都应该做的事情，除非你真的忙得不可开交了。即使你只有五分钟、十分钟的时间，都应该读一点什么。我今天下午有这个活动，上午在家仍然要读书。**长此以往，你积累的那个能量，是想废掉都废不掉的。**

读书也像武侠小说里面讲的练武功。《天龙八部》里有个叫鸠摩智的人，他的武功练坏了，最后还要废掉。那是因为他练武功的目的不纯，最后走火入魔了。如果你练武功的目的是纯的，你是像萧峰、段誉、虚竹这样的人，你的武功是不需要废掉的，因为武功对你有好处，对天下人都有好处。**我们读书也就像这个练武功，要积累一身的正能量。**

我们现在喜欢讲正能量，喜欢成为一个有正能量的人。怎么才能有正能量呢？我很高兴地看到有越来越多的人觉醒，有了正确的立场。

我需要强调的是——读书，因为今天，我们很多人不读书。所以，我强调不要为不读书找各种借口。比如我前几天在微博上号召人们读书。有的人说，读书有什么用？读书人不如劳动人民的觉悟高。单看这话不是完全没有道理，但放在这里，是给不读书找借口。觉悟高了的劳动人民，读了书，不是更好吗？

我不是说读书包治百病，而是说不读书不行。不是说读了书就行，当然你不读书肯定是不行的。毛主席工作那么忙，处理的事情那么多，仍然天天手不释卷。毛主席是人类历史上最伟大的读书人。毛主席伟大在哪儿？伟大在许多方面。我昨天还在北大强调毛主席是世界上最伟大的经济学家。今天我们谈读书问题，毛主席又是最伟大的读书人。

当然在今天这个场合，号召大家读书，好像是鼓励大家多买我的书似的，我并不是这个意思。我的书是人类历史书海中的沧海一粟，我的书里边，很多内容是指导大家去读更好的书的。

大家读各种原典可能有困难，对大众而言，原典是需要解读的。人类历史上很多书属于解读类的书。比如很多人读不懂四书五经，而且不仅是今天的人读不懂，古人就读不懂。那怎么办？就要有学者来解释。解释经典的书，本身就构成了一个思想系列。许多大学者自己不写书，他就是去解释经典。说到根上，孔子也是这样的人。

孔子有一部学术专著吗？没有。但所有有学术专著的人都不如孔子吧。孔子没有学术专著，他是“述而不作”。像我这样的人都没有真正继承孔子的精神，我还要写几本书，还要拿去评职称什么的。活在这样的体制下，这也是没办法的事。孔子那时候不需要评职称，不需要出书。

那么，怎么评价一个人的高低？凭人们的口碑就行了。

孔子活着的时候做编辑工作——编书。编了一本《春秋》，编了一本《诗经》，他没有自己的创作。他不在了，他的学生们觉得挺可惜的，于是几个班干部把同学们的课堂笔记收上来，整理整理，就弄成一本书，即《论语》。所以《论语》，一看就不是一个班干部编的。可能是班长编了一遍，团支书又编一遍。

从编辑学上来说，若放在今天，恐怕没有一个出版社愿出版《论语》。但就这么一本书，成为人类的经典。

所以，我的书是起一个指路的作用，是要告诉大家，我读过这样的书，我是这么理解这本书的，看看你是不是也读一读。你读了之后，我们可能会有更好的对话方式。

当你读书不多的时候，有些对话只能在低层次上进行。我讲鲁迅小说时，讲过《故事新编》里的《出关》，那个小说写的是孔子去拜访老子，写得非常好。小说开头写，老子在那里坐着，“好像一段呆木头”，孔子坐在他对面。这两个人什么话都没说，就在那儿呆呆地坐着，外人看不出任何情趣来。

其实，这是两个高手在对决，就像两个武功大师一样，外表看不出什么来，但是他们的衣服都已经鼓起来了。因为两个人都是世间一流的高手，一句话不用说，哪怕是空气里一个细微的颤抖，都知道对方是什么意思。

你们可以去看一下，鲁迅把那段写得活灵活现。人与人之间的交流到了那种境界，那是无上的甜蜜幸福。

今天，我们常会觉得没有知音。因为你读的书别人没读，别人读的书你没读，大家不在一个层次上对话，或者大家在一个很低的层次上对话。我记得钱钟书的散文《说笑》里说，真正理解你的人，可能跟你不在一个时空里；跟你在一个时空里的人，可能不理解你。也许隔着历史的长河，隔着几万光年的地方，才有一个你的知音，在银河的那一端向你发出会心的微笑。很多人不是说要去寻找另一半吗？去哪儿寻找啊？就在银河那边呢。

有人问我，这么多人成天骂你、纠缠你，你怎么活得这么没心没肺、这么乐呢？我说我就是中了中国文化的毒了。中国文化就是一个乐感文化，这是李泽厚先生说的，中国人活在世界上就是乐的，即使受尽千辛万苦都是乐的。因为在无数的可能性中，你做了一回人，你还有什么不乐的呢？你不也是分子组成的吗？你怎么就没有组成一个水瓶子呢？你怎么就没组成一个麦克风呢？所以，当你看到这些没有生命的东西的时候，你怎么能不高兴呢？你就恰恰组合成一个生命了，不仅组合成生命，还是人，这是多么高兴的事情啊。所以哪怕坐牢，哪怕被严刑拷打，都是快乐的。

这些话看上去是我随便说的，但若没有读许许多多的书是不可能想到这一点，不可能悟到这一点的。

好吧，今天这里不是大放厥词的场合，今天是来跟大家交流的。主持人既然让我讲几句，我就这样讲几句跟读书有关的开场白。虽然春光灿烂，但是为了我们北京市的环境考虑，我还是希望老天爷快点下雪吧！谢谢大家！

提问环节

主持人： 非常感谢孔老师为我们带来这样精彩的一段讲话。我相信孔老师讲完之后，我们对于读书这方面，会有一些新的体会。我们到底应该怎么去读书？读什么样的书？怎样把我们的阅读量提升上去？这些可能是普遍存在的问题。我现在就不占用大家的时间了，下面是我们提问的环节。大家如果有什么问题想要问我们的孔老师，可以举手示意，然后请孔老师为我们解答。现在大家就可以举手来示意我。

读者： 尊敬的孔老师，您好。关于读书这个事情，我比较担心的是小孩子和青少年读书的事。现在他们面对的诱惑很多，我想问您，您是怎么引导自己的孩子、指导自己的孩子保持一个足够的阅读量的？谢谢。

孔庆东： 好，这位朋友非常谨慎地提出了一个非常沉重的话题。读书的问题最关键的是孩子如何读书。我刚才是笼统地说大人要读书。我在这个问题上，可能跟很多教育专家的看法是不一样的。我们今天的这个教育主流，是存在一些问题的。所谓的快乐教育，就是孩子想干什么就让他干什么，孩子想读书就读，想不读就不读，这是一种无奈的情况下的最后的选择。比如说你管不了孩子了，才能这样做。比如当有人跟我说，孔老师，我的孩子就不想读书，怎么办呢？我说不读书就不要强迫他，爱干什么就干什么吧。我也会这样回答网友的问题，但我回答问题的前提，并不是说这是最佳的选择，这是最后无奈的选择。

教育是什么？教育的本质是什么？我们应该认识到教育的本质是一种暴力，这个暴力是必需的，是人类文明延续必需的东西。我们看一看豺狼虎豹的教育，不都是暴力的吗！小老虎生下来后，难道它的妈妈不管它，任由它爱干什么就干什么？它跑到悬崖边都不管它？它要吃一株有毒的草也不管它？老虎是怎么教育孩子的？是跟它和风细雨地讲故事吗——“从前有个晚上”？不会这样的。而是一巴掌打过来：“这样做不行！”这才是负责任的教育。《三字经》里就教育讲了两个字，一个要严，一个要专。

你要让孩子自由选择读什么书，他往往选择最没有含金量、会越读越白痴的书。大人的责任是什么？不是在孩子面前装出一个友善的形象。今天最有害的一个观念就是：父母要做孩子的好朋友。我反对这种观点！你是他爹、是他妈，怎么是他的好朋友呢？！他另有好朋友，你不要冒充他的朋友，你活着的目的不是让孩子说你好，那你不是成狼外婆了吗？你就是他爹，你就是他妈，你要为他负责任，不是让他说你对他多么好。所以你要告诉他，该读什么书。

孩子应该读什么书呢？我认为，孩子从小要读那些比较有难度、有硬度的书。这就好比孩子小时候老吃麦当劳之类的洋快餐，结果把胃口吃坏了，以后他连中华的好饮食都享受不了。

我为什么能百毒不侵，看什么都不会学坏呢？因为我的基础打得好，我从小学的都是革命的道理，传统经典的道理，从孔孟老庄到毛泽东思想，我装了一肚子。

所以我今天随便看《金瓶梅》，看《肉蒲团》，我都不会学坏，相反这会使我的知识结构越来越丰富。可是如果倒过来，从小就看《金瓶梅》，以后还能看得下去《毛泽东选集》吗？这个道理很简单。

所以我觉得小时候的教育，必须带有强迫性，一定要带有强迫性。当然方式、手段可以讲究。就好像我们要让孩子吃药一样，可以哄着他吃，骗着他吃，但结果是必须吃药。

我自己的孩子，从小就能将《论语》全文背下来。大家知道有一期《百家讲坛》，我就领我的孩子去参加的。我认为，从小背《论语》的好处太多了。我的孩子长大之后，尽管并不学文，尽管对我的专业并不感兴趣，我也并不要求他的人生道路要受我影响，但是我欣慰地看到，《论语》在他身上生根开花。好处在哪里？首先，至少他是一个好人；其次，他是一个明辨是非的人；再次，他的文言文问题早就解决了。尽管他不喜欢学文，但是他学习语文从来不费事。你想在三四岁的时候能背《论语》的孩子，上了小学中学以后，还用学语文吗？特别对一个不喜欢语文的孩子来说，这太重要了：我不喜欢语文，但我根本不需要学，老师说的我都会。所以当他上初中之后，他开始感谢他这个残暴的爹：幸亏我爹从小逼迫我天天背《论语》。

现在，《论语》他都忘了，就像张无忌已经忘了张三丰当年教他的武功一样。他说：爸，我都背不下来了。我说：对了，背不下来就对了，因为你多少年也不再看它了，当然背不下来了，但是《论语》的精神已经渗入你的血脉之中，你已经懂得仁义礼智信了，你甚至不会祸害一个小动物。虽然你并不搞文化工作，但是你随便看一个人的言论，就知道他的位置是什么，他是好人还是坏人。

古人说“半部《论语》治天下”，我们能读好《论语》就非常了不起了！当然，我不是说非要学《论语》，只要是我们传统的、公认的、是典籍的书，我认为都值得一读。如果你实在读不懂经书，读四大古典名著也很好，在今天看来，这些都是高端读物。

总而言之，在孩子教育上，要有强迫性的教育，使他走正路、读好书。好的，谢谢。

读者：孔老师您好，我想提一个关于毛泽东思想的问题。我看您在《孔曰：重帘不卷乱读书》里面写到中国现代两个经典人物，一个是鲁迅，一个是毛泽东。您之前也提到过《毛选》对您的人生产生了极为关键的影响。我想请问一下，《毛选》到底对您产生了怎样的影响？对于我们，重新读它又有什么作用？

孔庆东：好。如果你看我以前的书会知道，我不是今天才提倡要读《毛选》的，远在20世纪90年代，媒体采访我，我就说要读《毛选》。读《毛选》的好处是说不尽的。《毛选》的地位至少是和孔孟老庄、《圣经》同等的。就我自己的感受来说，至少从文史哲三个角度看是这样的。

首先，毛泽东是中国一百年来最伟大的白话文写作者。我们从五四运动以后普及写白话文，谁的白话文写得最好？胡适说他写得最好，我并不这么看。还有一个人叫李敖，他说他的白话文第一。李敖的文章真的写得好，但李敖说这话，是一种狂狷之士的态度。李敖跟我一样喜欢自吹自擂，这个自吹自擂的反面其实是一种自嘲，是一种拿自己开涮的态度，并不是真的。

我认为李敖先生的文章真的好，但是他和胡适都没有办法跟毛泽东比。如果你的文章真的好，会有亿万人去效仿，毛泽东的文章就是这样，它整整影响了我们中华民族几代人。这个效仿可不是谁强迫的，我们大人、小孩写文章，自觉不自觉地就运用了毛氏文体、毛氏词汇、毛氏修辞、毛氏逻辑，所以毛泽东绝对是文章大家。

前不久我还看到一篇学术论文，专门讲毛泽东以文章得天下，以写作得天下。他的那几篇文章一写，后面的事都是属于办手续。

比如我是怎么上北大的呢，难道是在考场上考那三天考下来的吗？不是。当年我在哈尔滨蹦蹦跳跳、吃吃喝喝时就已经决定我上北大了，至于那三天不过是填表办手续而已。

毛泽东就是通过写文章把天下写到手的。所以我说高中生读一读毛泽东的书，对写作文的帮助太大了。你好好学习《为人民服务》《纪念白求恩》《愚公移山》，假如高考时，你能仿毛泽东的作文肯定能得高分，这几篇文章写得多妙！

其次，我们上小学时，有一个时期学校要求大家读《毛选》，我是学委，天天早上领着同学读《毛选》，但是好像读了没几天，学校就不提这事了，大家也就不读了，只有我一个人坚持读下去。读《毛选》时，我很注意读注释，因为注释写的是背景，讲的都是历史上的事情。

通过读《毛选》，我获得了丰富的历史知识。而且我还能把这些东西编织起来，我脑子里几乎装着一部党史、一部战争史，所以更容易学习历史。另外，我还学到了毛泽东看历史的态度、方式。

比这更深层的是哲学层次，即毛泽东看待问题的眼光、逻辑。**毛泽东和党内其他马列主义理论家的区别在哪儿呢？**那些人是简单枯燥地去阐发马列主义理论，要单讲理论，陈独秀、瞿秋白、王明、罗章龙、李达，他们都阐发得挺好的。但是，跟毛泽东比，他们的主要问题是没有把理论落实到具体的实践中，就连写文章都没能落实。

我们从毛泽东的《反对党八股》《改造我们的学习》《整顿党的作风》等文章中可以看出，他已经把马列主义运用到炉火纯青的地步了，而他并没有读过多少马列原著，这就是他厉害的地方。

就像学武功一样，有的人需要学千百遍，比如像郭靖这样的人，人家练一遍就行，他则要练一百遍，但好歹他练成了，但有些人练一百遍也练不成。

毛泽东绝不是郭靖那种人，毛泽东是像张无忌、令狐冲那么聪明的人，他一看就会了，哪怕你讲错了，他都能学成对的。好学生从来不埋怨老师水平不高，因为即使老师讲错了，他也可以悟成对的，这才是高级学生，毛主席就是这样最高级的学生。

所以读《毛选》至少在文史哲三个方面，能够给我们启迪。当然，别的好处还有很多，比如人格、思想感情等。读过几篇《毛选》之后，你的心气儿会非常正，你会觉得自己生活在一个充满阳光的空间里。我也提倡读鲁迅，读鲁迅会把人生看得极为透彻、犀利、深刻，但你会感觉鲁迅所建立起来的那个空间是压抑的、黑的、冷的。所以说光有鲁迅不行，鲁迅在那个黑暗的世界“冻死”了。

所以我觉得鲁迅加上毛泽东才解决了现代中国的百年难题、百年困局。好，我就回答这么多。

主持人：好，感谢孔老师今天非常精彩的演讲！谢谢大家。

（2014 年 1 月　中关村图书大厦）

妖蛾子王小柔

陈阳春编辑寄来两本王小柔的散文集：《都是妖蛾子》和《还是妖蛾子》。书的装帧很别扭，故意“做妖蛾子科”，其实用俺娘的话说，都是装大瓣蒜。很像章子怡去扮演三仙姑，脸上抹着拌了香油和胭脂的锅底黑，指甲上涂了死耗子血，光腿穿了裤腰三尺八的老棉裤，可最后就是不敢往棉裤里撒一把尖头大个的肥虱子，所以走起来总是显得还不够土啊。

俺一上来就如此糟踏王小柔一顿，非是俺不懂怜香惜玉之理，而是企图看看自己能不能写出王小柔那么缺德的文字来。其实这丫头的大名俺早就从杂志上知晓了。开始是在飞机上，后来是在朋友家里，一读那几篇妖蛾子文字，俺就噗嗤笑了。世界上能够把孔庆东多次逗乐的作家绝对不超过20个，王小柔就是这十几人之一。

去年一个秋天的傍晚，俺边擦窗户边对正写博士后报告的老婆推荐说：这个王小柔，挺招人稀罕的。老婆看了看说，肯定长得特别丑，所以心理不正常。俺老婆对女性文学的鉴赏力一向都比天气预报要准，俺就相信了，暗暗在心里进行了磁盘碎片整理。

可过了今年春节，学生指点俺去看网上一篇文章，点开页面一听，一个天津大妹子提溜着舌头在那儿深情地朗诵："谁、四、咬、讷、咋？"俺一听，敢情这就是那位妖、蛾、子。等找到玉照一瞅，妈呀，敢情挺俊，就是瓷实了点。仔细摩挲了几眼，越看越像俺小时候的邻家四丫，干活学习都是中等，只有"调理人儿"方面是个天生的女恶棍。俺就在晚饭时跟老婆汇报说：那个王小柔其实挺漂亮的。老婆说：那也是心理变态，要不，干吗不去当美女作家？我说：现在新起的这拨美女，写作上分了两路，一路叫纯棉姐姐，对男人曲径通幽，慈悲为怀，通过怀柔，进入密云，到达玉田，最后就丰润啦。另一路叫妖蛾子丫头，叫嚣隳突，专门以糟踏男人取乐。后者表面上坏，其实是一种名士气度，心肠必定好着哪。老婆听了凤颜不悦，一拍筷子高声问道：那我属于哪一路啊？俺大义凛然，不动声色答道："你，你当然是那个，那个纯棉妖蛾子啦。"

王小柔其实也不咋坏，准确地说是竭力学坏却心有余而力不足。总是刚装个鬼脸想吓唬人，马上就自己噗嗤了。她跟朋友去澡堂子吃海鲜，怀着贪小便宜的目标，达到了自作自受的结果。她对这些有损女性形象的日常行径不遮不掩，款款道来，故作的矫情中，透出对生活的无孔不入的爱。

她的讽刺调侃似乎挺扎人，但就如波斯猫的小爪扣住了你的胳膊，只要你不反抗，就决不会挠破，相反会有一种麻酥酥的“细痒”。大概是我们哈尔滨文化非常接近天津文化吧，我特别能够感受到那种表面世俗的市民气息中潜藏着的大艺术家的气质，那是一种须仰视才见的真正的高雅。而你不肯仰视的时候，则只能看见那肥硕的棉裤腰。

大雅的表现之一是，其实什么都懂，偏要装得幼稚鲁莽。当代文坛泰斗王蒙大叔在北戴河海边买游泳裤，指着沙滩上的三点式女郎，问售货员说：怎么光给我下身，不给我小褂呀？售货员如果是懂得幽默的，就不会骂他是流氓。可惜现在中国懂幽默的越来越少，博客上 80%的冲突都是听不懂稍微艺术一点的人话所导致的。

王小柔本名王晨辉，俗了巴叽的，干脆叫王灰尘算了，一听就像不干人事的人事处或者不分房子的房产办的。但是胡兰成说：中国文明就是从这俗世的男女中，出得来帝王将相。中国人日常起居饮食，都有富贵气象。邻家小妹吃西瓜喝面条的丑态还在眼前的光景，一眨眼，人家可能就元妃省亲了。

王小柔可以站在天安门上高声说：“我是小市民。”可是她这个女性小市民，却跟鲁迅一样，“没有丝毫的奴颜和媚骨”，相反，她眼中处处是乐子，处处是“孔庆东式的无穷无尽的人生之欢和大慈大悲”。但她比孔庆东要加倍地贴近生活，贴得如此之近，不是“回家喂猪”，就是“跟肥肉没完”，一年到头“傻吃傻喝傻乐和”，但她可不属于那些“猫咪生病了”的“小女子散文”。

王小柔俗到极致，甚至有超出张爱玲的地方，因为张爱玲太追求俗中见深，骨子里还是脱不了阴沉的闺房气。而王小柔俗中见大，是典型的“女儿自言好，故遣入君怀”的燕赵女儿的胸襟——尽管她不一定出生在北方。王小柔如果有哥哥，一定名叫“王大刚”，做事正直而迂腐，那点灵气儿都荟萃在妹子身上，于是这个妖蛾子妹妹，指东打西，鱼肉乡里，小心眼里藏风云，大实话中有玄机。

你似乎在读着一个讨厌丫头的闲言碎语，可一不小心，就凛然发现：这不就是当世的“禅宗”吗？你不觉得王小柔对普通人民、对日常人生的那份爱恋，已经具有某种宗教的味道吗？你听她说：“嘛人嘛命”，你听她说：“看上去很臭美”，她还是个蛾子吗？她早都寂寞小妖舒广袖，飞上梁祝的小坟头啦。

今天这篇书评写得飞快，中间接了两个电话会议通知，一个中国青年报采访，回了5个短信，竟然天还没黑。往常我一篇书评要分好几天写完——我是读书如飞、作文如爬的。

看来这王小柔确实比较妖蛾子，而且隐隐觉得这丫头的文字对我似乎构成了某种挑战。哼，好男不跟女斗，倘若王小柔是个男的，恐怕俺非制造点绯闻灭了他不可，玩幽默竟敢从津门玩到中关村来了。不过俺知道自己是爱才的，扫地恐伤蝼蚁命，爱惜飞蛾纱罩灯，何况是具有这般语言天才和人生智慧的女娇娥呢！

最后送给王小柔一首俺自创的天津民谣，算是唐突妖女之后的赔罪吧：天津蛾子不知愁，洗澡来到大酒楼。忽见满桌大肥肉啊——她悔教丈夫去耍猴！

流浪家的自叙传

丁来先最近出版了一本小说，名叫《我像爱哲学一样地爱女人》。这个书名一方面有点附庸风雅，另一方面又有点附庸世俗。而在我看来，丁来先的这个书名却未免取得太老实、太夫子自道了。

如果套用郁达夫的小说理论，可以说这基本上是一个“流浪家的自叙传”。

提起丁来先，北大的许多人都不陌生，我已经多年没有见过这个“北大壮丁”了。说他是“壮丁”，毫不冤枉。丁来先长得很壮，而且喜欢帮人干活，尤其喜欢帮助年轻女孩干这干那的。

十多年前，丁来先一头乱发，满身油垢，方圆四五丈都洋溢着先锋艺术家的逼人气质，天天坐在北大三角地的长椅上，等着女生来找他干活。而那时候的北大女生，是颇喜欢做一个先锋艺术家的基本群众的，不像现在，就知道崇拜 F4。

所以，十多年前，丁来先老兄的生意，还是蛮兴隆的。我有好几次路过三角地，亲眼看见丁来先大师跟某位纯情女学生或者风韵女教师，促膝坐在长椅上，畅谈尼采和梵高以及车尔尼雪夫斯基，谈得如痴如醉，相见恨晚的模样。

大家读一读这本《我像爱哲学一样地爱女人》，就会想象得出当年的情景。书中的什么顾晓薇啊，林晓虹啊，恐怕都是真有生活原型的。

不过大家不要因此就以为丁来先是个“披着艺术家外衣的大尾巴狼”。他表面上一副花痴的样子，其实是在遮掩自己哲学上的痛苦。在精神世界里，他是一个地地道道的流浪家。他在北大一带的“流窜”生涯，不妨可以看作是他精神上四面突围的奔逐的象征。也不是所有的女生都对他感兴趣，讨厌他的也颇为不少。

一次，丁来先的一本小说出版了，他请了一大帮朋友喝酒，席间有个女孩不愿跟老丁干杯，低声说：“这人太狂了，出了本小说就敢在北大请客喝酒！”我反驳那位女生说：“这不正是北大精神吗？”

有人问我，丁来先能够找到合适的爱人吗？我说很难，因为丁来先在女人身上寻觅的不是生命的欲望，而是人生的意义。绝大多数女子，开始会感觉意趣盎然，随后会困惑懊丧，最后会气恼罢休。

所以，像丁来先这类野路子的哲学家，用自己的生命去赌别人的生命的流浪人，他一辈子都不会到达自己的终点，也不会让他喜欢的女人安逸舒坦。他自己要到处流浪，不但怀里揣着些哲学，还企图手里牵着些女人。但是，可能恰恰由于女人，使他最后迷失在流浪的路途中。

鲁迅笔下的过客，是一个人坚毅地前行的，连小女孩的红布条都谢绝了。而丁来先非要“东边我的美人，西边哲学楼”，这分明是一次更壮烈的挑战。据说有句西方谚语云：“宁为撒旦妾，莫做哲人妻。”丁来先跟顾晓薇的故事给这句谚语增添了新的注解。

很多男人，都曾经企图以哲学来跟女人沟通，但是他们成千成万地失败了。他们最后不得不退守到以金钱和谎言来跟女人交流。

不过，仍然有丁来先这样的勇士在抗击着世俗，给那些往日的勇士以虚空中的慰藉。

没有归属的白丁

——序《无所属的玫瑰》

我这两年很少写序和书评。评价得低了，作者和出版社都不高兴；评价得高了，在读者眼中难免有为人做广告之嫌。

所以我希望把评论和广告分开，自己喜欢评论的，不用人家邀请就写，分文不取，或者在读书札记里随便札几句，其中不伤作者感情的部分，还可以贴到博客上。

而对那些盛情难却的邀请，往往只答应写几句推荐的话，还要先看看作品究竟如何。

看上去很差的作品，无论什么人请我写，无论出版社给多少钱，无论作者怎么央求，我都谢绝。

40岁以后，我也慢慢学会了几个谢绝人的高招，一是谎称个人遭遇急事，比如孩子生病、老婆下岗之类，人家就不好意思非逼你写不可了；二是假装黑心，索要天价抵挡之，非要我写也行，千字以下万元，或者分我一半版税。说这话时，脸要绷着，不能露出笑意或者怯意，就像我母亲赞美大腕影星那样：“装得可像了！”对方99%要泄气而去。不过也遇到一回这两招都不管用的，你说忙，对方说可以等到地老天荒，你要钱，对方说可以先汇去20万，还是美元，还可以把你接到美国去安安静静地慢慢写，至于让我写什么，稍有政治头脑的朋友都可以猜出个大概。我只好拿出最后一招杀手锏，破口大骂一番。而对方非常文明，冷冷地说："孔先生不同意就算了，何必这么不文明。我们会继续等，我们相信孔先生会有一天同意的。”

于是粗俗的孔先生感到既自卑又内疚，心想人家一片诚意，何必得罪那么多人呢？再有人请我作序，不妨区分一下，凡比较文明者，可以谢绝；凡比较粗俗者，适当答应。这样可以团结粗俗的大多数，最终战胜那文明的一小撮也。

就在我的脑海里某天再次闪过这个念头时，被我存放于“粗俗”文件夹的一位朋友丁来先，竟然又粗着嗓门，打电话来找我写序了。我以为他远在南海之滨，正给哪位清闲少妇辅导审美心理学呢，就说我很忙，我正在中央党校给某省青年女干部学员进行课后辅导哩。不料老丁马上粗俗地说：“你跑到中央党校泡妞去啦？那一会儿我到门口等你。我已经杀到北大了。”这世上躲谁都比躲丁来先容易，他当年在北大流浪时，假如中午端着大饭盆看上一个女孩子，黄昏就可能跟那个女生用一个饭盆共进晚餐了。所以我只好恋恋不舍地中断了对那群活蹦乱跳的女干部欢乐和谐可持续的辅导活动，沿着党校的围墙转悠了一圈，乖乖地去会老丁了。

老丁还是跟他的名字一样，冒着北京早春的风沙，早早地“来先”了。他说这个美学教授当得还算悠闲，但是心里放不下创作，最近写了一部《无所属的玫瑰》。因为我曾为他的另一部长篇小说《我像爱哲学一样地爱女人》写过一篇著名的评论——《流浪家的自叙传》，网上引用很多，所以出版社非常希望我能够给老丁的新作戴个帽子。我说，老丁咱们是老朋友，今天看你依然像过去那么粗俗，我很欣慰，为了鼓励你坚持下去，决不能堕落成文明的败类，我也要支持你。但咱们还是那两句话，你把稿子先发给我看看，如果写得不够粗俗，这个序就吹了。第二呢，我非常忙……老丁非常知趣，赶紧伸头问：“是不是小蜜又怀孕了？”我说哥们你太牛了，一猜就中。所以你不能着急，我心情悠闲了，自然会给你写的。

当早春的风沙落定，仲春的柳絮飘舞之际，我读罢了丁来先的《无所属的玫瑰》。孤立地单看这部小说，我觉得还不足以体会出作者悲伤的程度，必须联系丁来先的其他作品，联系《风车》和《我像爱哲学一样地爱女人》，才能体会出我所说的那个“粗俗”到底是什么意思。

2008年，我在一篇博客里写道：“收到丁来先《审美静观论》，中国社会科学出版社2008年4月版，责编郭晓鸿。老丁当了学者后，学术著作写得有模有样，看来确实有才气。80年代拿个破饭盆，随便坐在北大长椅上对着女生吹口哨的人，看来都不可小觑也。”表面上，我似乎在调侃作者，或者好像吹嘘我们当年那伙朋友都有多么了不起。其实，我是想启发读者思考，谁才是真正有血有肉的人，谁才是毛泽东所说的“纯粹的人”“高尚的人”和“脱离了低级趣味的人”。

从小说表面的叙事框架来看，这是一个男人跟母女二人发生情爱关系的很“粗俗”的故事。习惯于模式批评的学者很容易驾轻就熟地拿来欧美流行理论的乾坤圈，瞬间把作者打到马里亚纳海沟去。只有那些亲身经历并细心体察过中国30年来社会变化的人，才会读懂这故事背后的“悲伤”。

再说深一点，只有多少遭受过身心迫害和践踏的灵魂，才会理解丁来先“粗俗”背后的悲伤。当今流行的情爱观，使得男人眼中的女性简化成为一种粗俗的物品，评价标准只有“年青、漂亮、性感”，甚至更粗俗到腿有多长，胸有多挺。而女性自身，也集体无意识地纷纷自动洗脑，以此作为相互竞争炫耀的业绩和取悦男性的资本。

法国大文豪司汤达自称是“人类心灵的观察者”，其实每个富有责任感的作家学者都应该是这样的观察者。观察时代的入口有很多，女性是其中极具魅力但又富藏陷阱的一个。丁来先多年就游荡在这个入口旁，不论当年在北大访学，在江湖流浪，还是如今也被“招安”到大学里当了教授，他都没有放弃对“女性哲学”的执着。他从中看出了哲学，看出了人性，看出了时代的倒退和曲折，看出了女性的沉沦牵连着整个人类的堕落。

小说中两位女主人公的名字很有意思。母亲叫“雨姗”，女儿叫“无所属的玫瑰”，看上去都很有诗意。但“雨姗”包含着时间上“迟暮”的意思，她与“来先”是相反相成的。而“无所属的玫瑰”，则包含着空间上“寂寞开无主”的“不确定”的意思。

我想起作者在《我像爱哲学一样地爱女人》中给两位女主人公所取的名字叫“顾晓薇”“林晓虹”。晓薇虽雅，但一“顾”就成了过去时；晓虹虽美，但“林”中基本看不见。丁来先心中的美好人性和美好景象，不仅是这个时代所严重欠缺的，而且是这个时代所看不见的。或许只有勇于摒弃这个时代种种显规则潜规则的“白丁”，才能依然看见茫茫人海中的“哲学”和“美学”，看见美女脱衣时随风飘落在地的理想。

小说的最后，作者说：“我承认我像个落荒的逃跑者，但我不是不负责任……这个世上的某一个女人的幸福我真的没法承担起来，从这个角度来说我也不是个好男人，但在我的内心里我是希望女人们能真正过上幸福的生活的，并能享受那种精神上的安恬。我的确为她们的时代变化而悲伤，我真的感觉很无奈。但我的那种悲伤恰恰根源于我爱生命的理想，我爱生命中的美好元素，这里也包括了女性生命的理想。……”这话说得根本不像体制内的教授，也不像所谓的体制外的作家，倒像是一个居无定所、朝不保夕的没有归属的白丁。

丁来先为这个时代的女性而悲伤，我则为这个时代的白丁而悲伤，或者说我为这个时代白丁越来越少而悲伤。我愿意借用那位海外文明约稿人的语气说：“我会继续等，我相信孔先生会有一天等到真正的白丁的。”

语文教育要恒温

——读《温儒敏论语文教育》

北京大学出版社于2010年元月推出了《温儒敏论语文教育》一书，我愿意将此书的问世，看作是中国语文改革进入一个新阶段的标志。

中国语文教育出现了严重的危机，是20世纪90年代以后的事情。我们今天当然也可以指责半个世纪之前乃至更早的“语文问题”，但那都是站在今天的视角去苛求前人，而前人当时，是没有觉得存在什么“问题”的。我们的祖辈父辈，我们自己从小学到中学，大多数人都觉得语文课是最可爱的课，语文书是最可爱的书，语文老师是最可爱的老师。

我本人1990年开始，先后到北京市两所著名的重点高中担任了3年语文老师，才发现，语文“出事儿”了。教材与现实严重脱节，应试化的教育严重阻隔了学生跟语文之间的心灵交流。我在担任了一个高三尖子班的语文教师并受到学生们疯狂拥戴的时候，我才得知，在我之前，他们轰走了7位语文老师。

所以后来，当我以一名北大教师的身份重新关注语文问题时，我主编了一本《审视中学语文教育》，里边的文章大多是“炮轰”型的，因为非炮轰无以打开坚冰。今天看来，那些文章不乏偏激，而那本书也遭受了极左势力的围攻。但是随后几年，语文必须改革，就成了从中南海到每个教室人人皆知的顺天应人的大趋势。

一切领域的真正麻烦，都是从“咸与维新”开始的。人人都赞成改革，没有人再反驳我们对语文的批判，这才是考验我们真知灼见的时候。于是各种奇谈怪论纷纷出笼，有主张完全取消文言文的，有主张拿掉鲁迅换成周作人的，有主张中国文章全部是专制思想，应该全部代之以美国自由民主文本的，还有主张高考只考作文或者根本不考语文的……几乎是一夜之间，极左变成了极右。

正是在这样的甚嚣尘上中，北大于2004年成立了语文教育研究所，温儒敏老师亲自挂帅，再次肩起了北京大学对中国语文义不容辞的责任。

尽管温老师总是谦虚地自称“敲边鼓”，但他为此付出了大量的心血和智慧。6年来，北大语文教育研究所搞调研、抓课题、编教材、促教学，全方位地参与了中国语文的改革事业，陆俭明、何九盈、周先慎、钱理群、陈平原、曹文轩、苏培成、沈阳、刘勇强、高远东、吴晓东、杜晓勤、姜涛、孔庆东等一大批实力型学者加盟到语文工作的队伍中来，对全国产生了具有核心作用的影响力。研究所被北京大学评为优秀科研单位，温儒敏老师目前担任教育部义务教育语文课程标准修订专家组的召集人，他还亲自指导博士生写出了优秀的语文教育史研究方面的学位论文。

在多年的思考和实践中，温儒敏先生形成了自己不盲动、不冷漠，稳健务实的语文教育理念，我称之为“恒温”主义。

温儒敏先生认为，语文教育不是文人教育，而是人文教育。他针对那种把语文课等同于文学课的说法，提出语文教学不能以培养文人、培养作家为目标。他认为讲素质教育不能太空，其中也应当包含“生计能力”培养，素质教育是整体性的，提高了生计、生活能力，也是素质之一种。这与我所讲的“农村孩子会爬树、会摸鱼，也是一种素质”的思想不谋而合。

针对写作训练中偏重文笔的现象，温儒敏提出作文教学重在文通字顺，有一定的思考内涵，然后才谈得上其他。“文笔”不是作文教学的第一要义。现在语文教学过于偏重修辞、文采，培养出来的学生思考能力、分析能力不见得好。这可以说是我们中文系老师感同身受的，有些本科生甚至研究生，文采绚烂、口若悬河，但黑白颠倒、是非混淆，脑子里一团浆糊，这就不能说他的“语文好”。

北大老师基本上都是“大语文观”的主张者，温儒敏老师也从中学语文教育涉及大学语文和文学教育等问题，提出要把学生被应试教育“败坏”了的语文胃口给重新调试过来。这当然是一个艰苦而漫长的工作，倘若操之过急，恐怕又会在极左极右之间往复奔波。

我一向认为批判要尖锐，操作要慎重，改革事业跟革命事业不同，必须“高声喊，小心走”，才能防止投机，事半功倍。以此来阐释温儒敏老师的“恒温”主义，可能会有几分得其神髓吧。

（本文发表于《教师博览》2010 年第 4 期，被语文专家夏侯炳先生评为“匡正教育方向的好文章”）

读书需要配伍

【编辑说明】本部分为微博、文章中摘录有关读书的段落，混搭成辑，配伍成药。（略有删改）

@孔庆东：今天重温了几本书，都是一般人不会读的，即便是学者，也顶多只读其中之一的。**世上第一美事，就是读书也。**

@孔庆东：**书目就是药方。**

@ 愤怒的小狗 P：第一次听说读书要配成方子的，妙！又学了~

@ 孔庆东：不配方，要导师干吗？

@ 孔庆东：孔和尚说：读书有时候需要配伍。比如某一周读了这几种书，相当于过年娶媳妇又中彩票也。

@ 战僧马蒂斯：孔老师，要做到当头棒喝是不是要多读书、多思考才可以啊？

@ 孔庆东：主要是理论与实践要反复循环。

@ 狸猫与兔子 123：孔老师，怎么样才算消化掉一本书？怎么读才能又快又好地消化呢？

@ 孔庆东：你读书的目的不纯粹啊。读书不是为了消化书，难道你跟书有仇？**读书是快乐，不是完成任务。越想着完成任务，就会越艰难，结果反而消化不了也。**

@小钢炮 Gallon：您好，我想请问一下，在当前的环境下，全民阅读主要靠政府推动还是企业推动？他们各自扮演什么角色？

@孔庆东：**凡是靠外力推动的，都没有好下场。**读书是咱们自己的事，为什么要靠别人督促！

@千木有江：孔和尚可能是当今世界上读书最多的人。或有博览者，融会贯通则不及也。

@孔庆东：**年轻时因为买不起那么多书，只好采用笨办法：拼命读，老子都把你们吃下去！**

@孔庆东：【和尚教你读书】**读书，读刊，读报，读信。读天，读地，读人，读事。最后你就明白，万物都可读，无往不是书。**

@孔庆东：12 月 14 日，孔和尚的研究生自发组织读书报告会，孔和尚也跑去蹭听了一场。**读书要自觉，做人当自强。**

@张溥杰：周五下午本来打算去图书馆复习，转了两圈看见《四十五岁风满楼》，虽然之前看过很多遍孔老师的博客，但还是拿来看了一下午。现在又借来了《无限江山》。但印象最深的还是以前读的《口号万岁》以及《独立韩秋》。

@孔庆东：**系统读书，方有大成。**

@alexzhang011：经史子集，先读哪个？

@孔庆东：混搭。

@雪织风声：不是应该先读经史吗？子集属于旁门左道吧。

@孔庆东：一三五读经，二四六读史，礼拜天读子集。

@孔庆东：**读书与走路，人生两支柱。**

@courtroom 令：孔老师，要怎样才算爱读书呢？

@孔庆东：**一天不读书，夜里就饿得肚子痛，睡不着。**

@布庶：孔老师，北大的学生爱读书的能占到几成？

@孔庆东：大约百分之十吧，但这已经是天下第一了。

@奋斗的心01：记得曾国藩老先生说，没看完一本书就不要看下一本！

@孔庆东：那时候的书都是好书。

@东青海湾：孔老师，我读书总是读不下去，读一会儿就想上微博，刷帖子，克制不住老想上网，这该怎么办啊？

@孔庆东：定个规矩，读完100页，可以玩10分钟。

@齐羽觞：孔老师，那群人选择微博这个平台，就是因为区区一百来个字根本讲不清楚经济、民主和社会主义，所以他们才张牙舞爪混淆视听。正常人谁干这个？

@孔庆东：**所以平常要好好读书，上网才能少上当。**

@乘着歌声的翅膀r：每看完一部金庸作品，都会读一篇孔和尚的点评，很赞！

@孔庆东：会读书。

@孔庆东：【北大图书馆四巨头】李大钊1918年任北大图书馆

CEO，业余搞了个会所，叫中国共产党。毛泽东 1918 年任北大图书馆员工，是为了想看啥书看啥书，最后住进了中南海大书房。冼星海 1926 年任北大图书馆助理，嫌图书馆太寂静，就写了几首大合唱。李彦宏 1991 年从北大图书馆专业毕业，觉得借书很烦人，就搞了个虚拟书屋，叫百度。

@ 大头 _2010：老孔，少林寺的图书管理员也很牛啊。

@ 孔庆东：那是最牛的。

@ 雪织风声：少林寺图书馆管理员不但管理图书而且负责打扫卫生，最重要的是，他不是临时工。

@ 孔庆东：还要夜里陪着小偷读书。

@ 属于你的我的青春：偷着读的书，往往记得最牢。

@ 孔庆东：不如偷的书，过目不忘。

@ 孔庆东回复 @ 相亲相爱的家族：很多武侠小说是鼓励人偷书的。

@ 孔庆东回复 @ 龙尾 OM：偷书本身应该批评，但奇怪的是，很多名人都喜欢偷两本。

@ lucky 小巨人：孔老师，很想知道，您每天都有固定的读书时间吗?

@ 孔庆东：固定时间读书的，皆非一流读书人。

@ 郭诗博 -0-：老师，您家里有多少书啊，我听说钱文忠家里有 10 万册书。

@ 孔庆东：钱文忠是藏书家，家里银子又多。我是个穷教授，辛辛苦苦才攒了一万多本。

@ U-SHOW 伊秀：和尚咋知道那么多内幕？

@ 孔庆东：**读书破万卷，料事自如神。**

@ 我是不具名：一不小心搞了个共产党，一不小心整了个百度。我在想，这得有多不小心啊？

@ 孔庆东：所以说，北大有风险，读书要谨慎。

@ 孔庆东：【孔和尚新书】《孔曰》之《重帘不卷乱读书》《未名湖畔花生树》隆重联袂问世！ 11 月 29 日零点前凡在当当网预订者，皆可获得本人签名版。

@ 朱继东：【老孔的书值得看】《孔曰：未名湖畔花生树》：趣味横生的十八天大楼棋摊，读罢令人心酸不已的老皮头和老毛子……孔庆东用一支妙笔画出芸芸众生相。《孔曰：重帘不卷乱读书》：**一日不读书，胸臆无佳想，一月不读书，**

耳目失清爽。找机会拜读！也推荐孩子读！

@妙庄王的老窝：读书至味在于乐，人生佳境无非玩。老孔深得读书、写书、品书三味。赠他一个绰号：孔书佛！如何？

@孔庆东：还差得远。

@巨浪 julang：本来孔老师好多书我都没看过，不能犯读书问题上的狂热，所以先不打算买《孔曰》了，但是后来看到有签名赠送，我就一激动……狂热了……

@孔庆东：古人云：**一事能狂便少年！**

@布庶：孔老师，您的两本新书，学生已购得，今日下午开读。

@孔庆东：最好作点笔记。

@福来 fred：孔老师，读书笔记怎么作？以前没作过，怎么入手呢？

@孔庆东：从勾勾划划开始。既然是自己买的书，看完了不能让书干干净净的。

@屈板砖：看过无数微博，只有孔老师的微博里没发现过错别字，标准的语文教材。

@孔庆东：也有过，只是相对比较少而已。

@布庶：孔老师，是不是读书多了就容易有桃花运？

@孔庆东：也得看读啥书。

@心系雨林：孔老师能教一下如何提高写作水平吗？

@孔庆东：读我的《摸不着门》。

@孔庆东：世上最快乐的，就是读一本好书，然后酣然入梦。

@孔庆东：**一天不读书，别人看不出；一周不读书，说话会变粗；一月不读书，智商输给猪。**

@水瓶青虎：正在读《五百年来谁著史》《暴风骤雨》和《共产党宣言》。

@孔庆东：你这个套餐比较科学。

@郑清妧：多读书才能有未来。

@孔庆东：劳动人民多读书才能有未来。

@闲敲木鱼望天明：孔老师，又被你的幽默和才气吓着了。关注你好久了，能告诉我才气是读书得来的吗？

@孔庆东：是带着劳动人民的美好心灵去读书，才会培养出智慧本事。

@蓖加：孔老师，《苏东坡传》值得读吗？想了解苏东坡，还有其他好书吗？谢谢！

@孔庆东：越是读书少的人，越挑剔书，越爱问版本问题，好像自己是大专家似的。其实就是掩盖自己读书热情的缺乏和求知欲的缺乏。

@江力北大著名文化青年：《汤一介集》——哲学、文化、玄学、道教、增订本、中国、佛教、研究、思考、文集。

@仙洲畸子：看着非常厚重。想烦请孔老师指导一下，像我这样平均一天有 2 至 3 个小时读书时间的普通读者应该从哪几本入手读汤一介先生的著作呢？先谢谢孔老师了！

@孔庆东：硬着头皮随便读下一本，之后就容易了。

@孔庆东：俺也喜欢网游，但是太费时间了。兄弟们一定克制，不能玩物丧志。

@北坡贾振南：唉，当俺把这些华而不实、乱七八糟的东西都玩过之后，才明白只有读书最是值得。

@孔庆东：**世间第一乐事，还是读书。**

@一口好锅z：老师去过很多好地方。

@孔庆东：**用心考察一地，胜过读书一屉。**

@学志7：老师，我今年18岁，也想成为像您一样博学的人。读书的话，该读些什么书呢？最近在读《国文国史三十年》。

@孔庆东：不读鲁迅和《毛选》，什么书都等于白读。

@追梦幽兰竹玉：被一个无知的人说读书少，怎么破解？知道他是胡说，却不能释怀。

@孔庆东：**读书少不是缺点，说话超出自己的所知范围，却又自以为是，才是缺点。**

@孔庆东：【推荐毛泽东十二篇文章】越来越多的爱国民众重新认识到毛泽东思想的伟大，希望用以指导正义行动。但很多朋友难以通读。这里推荐十二篇："老三篇"，《实践论》《矛盾论》《新民主主义论》《论持久战》《论人民民主专政》《中国社会各阶级分析》《中国革命战争的战略问题》《在延安文艺座谈会上的讲话》《论十大关系》。

@宇宙宇宙达人：读完之后水平相当于在职研究生学历。

@孔庆东：**不能为了学历而读书啊。**

@四野勇士－杨铭思：全读且读懂了相当于啥学历呀？

@孔庆东：副佛级。

@孔庆东：**要谈历史就要海量读书，光靠小聪明不行啊。**

@正式名字张俊江：政治这东西书看得再多，反应不过来，也是枉然。老师读书的意见肯定听。

@孔庆东：**学，思，行，缺一不可。**

@孔庆东：**热爱读书是好的，但是倘若不顾自身条件，不看客观实际，一味死读书，最后就可能读书死。**

@夜雨读声：孔老师，最近迷上了您的《一醉五十年》里的张姐，还去您的其他书里找她的线索，这是不是死读书和读书死的节奏啊?

@孔庆东：这才是会读书的。但是最好把这份兴趣放在追寻真理上。

@孔庆东：【怎样才算会读书】**认识字不算会读书，能解词也不算会读书。要能发现字里行间的意思，发现压在纸背的意蕴，发现貌似毫无关联的局部之间的呼应，发现大多数老师永远讲不出的道理，才算得了读书的三昧。**

@qhwlel：孔老师，读书的胃口不好，没怎么读就感到烦闷了，怎么破?

@孔庆东：**书就好比食物，也需要讲究个营养搭配，胡吃硬吃不行。**

@韦则成：照你这样说，什么学问都与吃有关。

@孔庆东：你悟性不错。

@沐风撷浪：孔老师的书算鲁菜系?

@孔庆东：满汉全席。

@北红尾鸲灬：孔老师觉得《厚黑学》对于官员或想当官的人是必读书吗？

@孔庆东：还是读四书五经比较好。

@木易子澔：孔老师，我觉得《厚黑学》讲的是追名逐利，四书五经是修身养性。这样说对吗？

@孔庆东：《厚黑学》是揭露之后有批判，然后也提出了正面观点。

@星光伴我飞2012：我是每天坚持看10页左右的内容，一个月看完300多页的书。

@孔庆东：有点慢了。争取提高一倍。

@鹿肉大厨：那么快，我看您的《孔曰》系列看了三个星期。

@孔庆东：应该再速读一遍。

@山寨山寨：一周两本二百到三百页的书，每年一百本左右，应该是正常的读书节奏吧。再结合报纸、杂志与网络媒体的知识，差不多可以不落伍了。

@孔庆东：**何止不落伍，每年读书一百本，肯定是人类前百分之一了。**

@学富八斗：《红楼梦》里说宝玉顽劣异常，极恶读书，但在随父游大观园一章，宝玉却引经据典，极富才华，我总觉得作者有点前后矛盾。难道也是雪芹有意为之？百思不得其解。

@孔庆东：**恶读书不是不读书，而是讨厌那种为功名利禄而死读书的方式。**

@李庆毅 79000：孔老师几岁读的《毛选》？我中学时读的，四卷都读了。

@孔庆东：小学。

@Eline- 小森：我大学都快毕业了，还没开始读，我还有救吗？

@孔庆东：读就是了。

@杀手模式：对书没有兴趣怎么办？

@孔庆东：没兴趣就不读。人最重要的是有良心，不一定非得读书。

@孔庆东 ：【你有读书卡片吗？】不时有学生问，孔老师怎么读那么多书，知道那么多事呢？这问题很难回答。且晒点儿二十多年前孔和尚的读书卡片吧。同学们，你们有读书卡片吗？

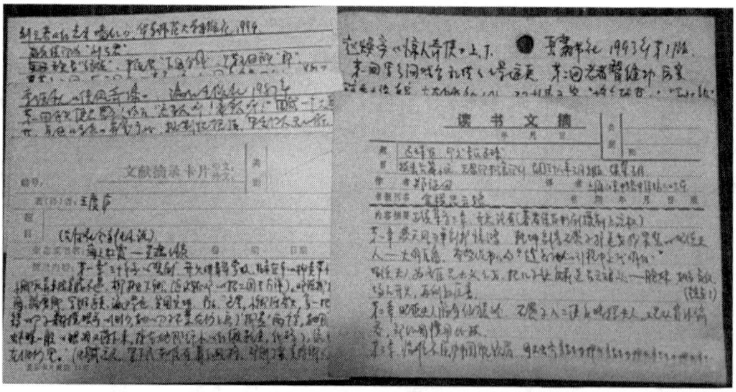

@山里大善人：孔老师，我正想问这个问题呢！请教：信息时代，能不能用电子版代替读书卡片呢？觉得利弊都有。

@孔庆东：最好二者都有。

@百万雄杨：孔和尚，李梅亭当年也搞过这种卡片，您老人家的卡片比他的卡片高明在哪里呢？

@孔庆东：他的卡片是为了代替教材，真正的读书卡片是为了自己做学问用的。

@孔庆东：书有时候需要对照阅读。今天先读了苏联著名作家巴巴耶夫斯基 1958 年写的宣传苏联七年计划的小册子《幸福》，书的最后一句是："对于苏联人来说，没有比自觉地参加公共劳动，把自己的一份劳动献给共产主义祖国更幸福的了。"然后又读了苏联解体后克格勃高官什罗宁写的《克格勃 X 档案》。惨痛的对比。

@沸沃：老师，怎样才能修炼成像你这样的明白人，感觉正确认识问题并不与读书多成正比。

@孔庆东：先读《论语》，再读《毛选》。反过来也可。

@兔兔1975海：我抄写一遍《论语》需要三十几个小时，是不是很差？

@孔庆东：很棒。经典要慢慢学习。

@洞秋：孔老师，康德的书应该怎么读？

@孔庆东：**不求甚解，读懂多少是多少。**

@吾好此道：老师觉得阳明心学有哪些缺陷？

@孔庆东：**我们还不配去谈论思想大师们的缺陷，要改掉这个毛病。**上网也好，读书也好，首先是学习。一定要随时克服自己的攻击性人格。

@笔墨纸饭：孔老师，每天都看你的微博，但是我没有几个懂的，我要去看书了。

@孔庆东：**你这个态度是非常正确的。第一，承认不懂，心地坦荡。第二，不懂也不乱说，心理健康。第三条最棒，既然不懂，就回去老老实实读书充电，以后慢慢就懂了，这是自古英雄的成才之路也。**

@孔庆东：一本好书肠一根，平心静气祛妖氛，吃完来个小甜昏。

@ o4 炒饭：老师，书得慢慢品，还是红肠吃得更快些吧。

@ 孔庆东：每读十页左右，酣咬一口。二十来口，书肠两清。

@ 纯洁的布布：孔老师读书论口的，这本书要二十口，那本书需要十五口。

@ 孔庆东：理解正确。

@ 孔庆东：今天读书四本。上午读九峰老人《庶民之忧——中国三农问题扫描》上中下三卷，里面多数文章都读过，或者是早已知道甚至就是本人的观点，所以读得飞快。中午吃拉条子。小甜一会儿，起来读郑振铎《俄国文学史略》，虽只150 多页，却读了一下午。晚上吃炒面片就大蒜。今天电话多邀请多，和尚指挥若定。

@朝花夕拾友：你读书是一目十行还是一眼百行？

@孔庆东：还没有达到那么快，一般是单句整体辨识吧。

@孔庆东：少无适俗韵，性本爱读书。配点绿葡萄，一章一嘟噜。

@易 - 磊：我读书慢，可能是我的理解能力不行，经常是一句话要读几次才能看懂，而且我读书打瞌睡，还容易分心。孔老师，读书是不是读的越多，就越快？

@孔庆东：年轻时候先读经典著作，要读得慢。

@ 孔庆东：读书的品位，往往体现在饮食的搭配上。**所谓点石成金，所谓相得益彰，所谓珠联璧合，说的就是那些阅读大师啊。**

@ lhqhua：孔老师家有多少藏书？

@ 孔庆东：一万多本。

@ 孔庆东：回复 @ 东博唐小僧：我的一万几千本书，都翻阅过，但是真正读过的只有一万出头，细读的不到五千。还有几千本连粗读都没有，粗粗细细还读过大约两千本吧。这些藏书，打算以后慢慢拍卖掉。

@ 孔庆东：回复 @ 没有十全十美的文章：从理论上说，人读书不可能超过三万本，特别是中国的书。现在的一本中文书，相当于古书四五十卷左右。古人读书二百多本，就可以说“破万卷”。现在中国人读书超过一万本的，只有非常专业的学者。

@ 孤刀映月 _：有时我想，如果今天就死了，那可不行，我还这么无知，有那么多书没有读过呢。

@孔庆东：像你这种文史哲领域的同学，要立志至少读书两千本。

@老马在说：孔老师，书，特别是当代人写的书，大多有水分，读得多，意味着进水也多，咋办？

@孔庆东：自己拧。

@老马在说：孔老师，六祖慧能读过多少本书？

@孔庆东：**上帝级别的人物，不能用来抬杠，他们直接读宇宙大书，你若以为不读书就是慧能了，那你就上天啦。**

@MerryMic 云舒：我还得读 3000 本了，孔老师，中文系 4 年大概是混过来的。治学不严谨。

@孔庆东：七十岁之前，每周读书一本，应该是可以做到的。那么四十年就是两千本。

@孔庆东：这一周读书比较疯狂，工作量倍于往昔。从 8 月 8 日周一到 8 月 14 日周日，一周内读书 21 本。其中细读 4 本，粗读 8 本，翻阅 9 本。还有若干杂志论文及各界来信和上访材料，此外的电子阅读还没算呢。如此高强度工作之下，还作报告一场，聚会三场，陪领导逛街两次，发微博数百条。难道这就是传说中的洪荒之力吗？

@ 孔庆东：高尔基小时候买不起书，因为买书还挨过打。孔和尚比高尔基幸福多了，从小就看了很多书。然而又有什么用呢？

@ 孤刀映月 _：但是，看到波兰兵向苏维埃这边致敬，我心里一震。看到保尔想读些书却被人说自私，看到保尔每天下了班到图书馆学习到深夜，我想起孔老师那段“小时候你是一个普通工人的儿子”，翻出来又读了一遍。现在孔老师又说读书又有什么用呢，真是瞻之在前，忽焉在后。不禁哈哈哈哈哈。

@ 孔庆东：语境。

@孤刀映月_：有一阵我写日记上瘾，有时一天竟花半天在写日记上。但觉得这样做不好。看孔老师日记，百字出头，叙事N件，读起来又赏心悦目，便也想试着写写。但竟落不下笔。这才感慨功力深厚，不是我这种没读过书的人想模仿就能行的。硬上吊在半空中下不来就不好了。

@孔庆东：光读书没用。

@王一不长：《庄子》好难读，怎么破？

@孔庆东：先读《论语》。

@火炎驹：孔老师早破万卷书了，只剩下行走江湖，把阑干拍遍。

@孔庆东：何止破万卷？古书一卷只有五千字左右，现在一本书等于古代四五十卷，只要读书两百多本，就可以号称破万卷了。乡亲们努力吧！

@白永松钧：孔和尚，你看易中天老师的书吗？

@孔庆东：和尚是职业读书人，啥书都得看哪。

@引之收集天下笑话：我喜欢读书，记不住咋办啊，孔老师？

@孔庆东：**多少人羡慕你呢！我们想忘都忘不掉喔。**

@碗里一根面：孔老师，今天上班途中想到问题：美国亚马逊上经常一本书都几十上百美元，这是不是才应是美帝真实的物价水平？

@孔庆东：是的，**其实大多数美国人也不读书。**

@小布什的星星：现在提倡全民阅读，但村镇里基本没有读书的地方，而老百姓平时又忙着挣钱养家，哪有条件和氛围来读书呢？

@孔庆东：你这话的逻辑不能成立。读书不需要高级物质条件，更不需要整块时间。我经常去农村，看见无数农民在打麻将、看电视……

@孔庆东：【永不褪色的论语】数千年中华文明的延续，《论语》功不可没。《论语》二十篇，讲了学习与生活，从怎样读书到怎样吃饭，从对待他人到看待自己。这些“规矩”仍跃动在我们的生活中。《闲话论语》听课路径：关注微信公众号孔禾堂－名师课堂－闲话论语

@孔庆东：水心先生叶适曰：“读书不知接统绪，虽多无益也；为文不能关教事，虽工无益也；笃行而不合于大义，虽高无益也；立志不存于忧世，虽仁无益也。”

@孔庆东：【鲁迅论读书】诸君要知道真打牌的人的目的并不在赢钱，而在有趣。牌有怎样的有趣呢？我是外行，不大明白。但

听得爱赌的人说，它妙在一张一张地摸起来，永远变化无穷。**我想，凡嗜好读书，能够手不释卷的原因也就是这样。他在每一页每一页里，都得着深厚的趣味。**

@星光伴我飞2012：阿忆老师也说：不要迷信读书。把你们两位的意见综合一下，就是要辩证地看问题。

@孔庆东：**读书破万卷的人，才有资格说“不要迷信读书”。**

像孔和尚这种业余臭棋篓子，如果说聂卫平李昌镐没有什么价值，那就是无知加无耻也。

@不是_东西：嘴上说不要迷信读书的人，往往还是手不释卷。

@孔庆东：所以千万不要迷信哦。

@孔庆东：【新春读书啦！】转眼就到了2019年，时代发展得太快了。**但不管发展多快，读书都是最重要的一件事。无论是自救、救人，还是拯救人类文明，最切实的办法就是“读书”。**

@孔庆东：#孔和尚与教育# **年轻时，扎扎实实地读书破万卷，长大后，才能每天处理纷繁复杂的各种信息。**

真理其实不在遥远的山那边海那边，就在我们眼前

有人问："老孔，你写博客不耽误做学问呀？"这就是不懂学者的生活了。正经读书人，谁不写点日记、笔记、读书札记？没有电脑的时代，写在卡片上、本子上。有了电脑，写在屏幕上。如今有了博客，随便组合组合，就算是一篇博客了，日后写文章需要线索时，也方便查寻。您还以为学者写博客跟某些媒体明星似的，把这个当成命根子哪。

成都马嘉同学：

……你所问的学习语文和文学从何下手的问题，我想除了你正在读的那些书之外，主要抓住这么两条，可能对你有帮助。

第一，多读原著，少读教材。网上很多人都是没读过几本"真正的书"就以为自己知道了"铁的事实"。例如最近就有位女士来信骂我污蔑曹雪芹，说她要誓死捍卫曹雪芹，坚决鄙视孔叫兽云云。我确实在某地讲过一句"曹雪芹姑娘"，是调侃那些没读过《红楼梦》的望文生义之辈的，并非我自己认为曹雪芹是女的。可这位雪芹迷没有读过我的原话，就根据道听途说而勃然大怒，而且也不留真名实姓，让我连辩解的机会都没有。

第二，你要每天写日记，怎么写都行，就像我的博客这样最好。很多朋友疑心我每天写博客，耽误了正经工作。其实我们中文系的很多老师从小就天天写日记和读书札记，在那没有电脑的时代也是这样，现在有了博客，不过是把那些东西搬到网上就可以了，很少有人把真

正的学术工作成果贴到博客上去吓唬人。**日记写好了，天下就几乎没有什么难事了。此话可能很多人不信的。真理其实不在遥远的山那边海那边，就在我们眼前，不过多数人分辨不出而已。**耶稣曾经来过的，不是被大伙给钉死了吗？孔子不是被包围在树下饿了好几天吗？

你就先从这两条做起，肯定会有起色的。

你说想给我寄明信片，那当然欢迎，我愿意满足每一个有正当爱好的革命青年！